乡村振兴进程中农民
文化贫困治理研究

廉 超 著

中国财经出版传媒集团

经济科学出版社
Economic Science Press

·北 京·

图书在版编目（CIP）数据

乡村振兴进程中农民文化贫困治理研究/廉超著
. --北京：经济科学出版社，2025.3
ISBN 978 - 7 - 5218 - 5945 - 4

Ⅰ.①乡…　Ⅱ.①廉…　Ⅲ.①农民 - 文化素质教育 -
研究 - 中国　Ⅳ.①D422.6

中国国家版本馆 CIP 数据核字（2024）第 111084 号

责任编辑：李晓杰
责任校对：齐　杰
责任印制：张佳裕

乡村振兴进程中农民文化贫困治理研究
廉　超　著
经济科学出版社出版、发行　新华书店经销
社址：北京市海淀区阜成路甲 28 号　邮编：100142
教材分社电话：010 - 88191645　发行部电话：010 - 88191522
网址：www. esp. com. cn
电子邮箱：lxj8623160@163. com
天猫网店：经济科学出版社旗舰店
网址：http://jjkxcbs. tmall. com
北京季蜂印刷有限公司印装
710×1000　16 开　12 印张　210000 字
2025 年 3 月第 1 版　2025 年 3 月第 1 次印刷
ISBN 978 - 7 - 5218 - 5945 - 4　定价：56.00 元
（图书出现印装问题，本社负责调换。电话：010 - 88191545）
（版权所有　侵权必究　打击盗版　举报热线：010 - 88191661
QQ：2242791300　营销中心电话：010 - 88191537
电子邮箱：dbts@esp. com. cn）

前　　言

　　随着 2020 年脱贫攻坚任务的胜利完成，我国消除了绝对贫困，并开启了全面建设社会主义现代化国家的新征程。但是，绝对贫困的消除并不意味着我国贫困问题已经彻底解决，特别是在乡村振兴进程中，广大农村还面临一个艰巨的任务：消除相对贫困。可以说，消除相对贫困，是另一个更加艰巨的任务，是一个长期的过程。"扶贫先扶智"的道理，既可以用于消除绝对贫困，更可以用于消除相对贫困。在乡村振兴进程中，要真正发挥乡村文化振兴的引领作用，我们必须注重对农民的文化贫困治理。同时，在全面建设社会主义现代化强国的进程中，如何通过加强农民文化贫困治理，推动农民从思想观念、价值理念、精神追求等方面实现现代化转型，进而实现农村农民农业现代化，实现农民的自由全面发展，最终实现全体农民的精神生活共同富裕，都是学术界必须解决的重大理论和实践课题。

　　本书所指的文化贫困是指狭义上的人们的思想、观念、精神等形态的文化的滞后或贫乏现象。为深入研究文化贫困的内涵及其特点，综合考虑到思想、观念、精神的内涵和外延等因素，为了更好地区分各贫困维度并对文化贫困进行深入研究，本书将文化贫困划分为观念文化贫困、思想文化贫困、精神文化贫困三个方面，其中，观念文化贫困，特指人们的感性认知层面的观念形态的文化滞后或贫乏现象；思想文化贫困，特指人们的理性认知层面的思想形态的文化滞后或贫乏现象；精神文化贫困，特指人们的精神文化需求层面的精神形态的文化滞后或贫乏现象。首先，本书采用文本分析法与文献分析法相结合、问卷分析法和个案分析法相结合、归纳分析法和系统分析法相结合、定性分析法和定量分析法相结合等研究方法，在对乡村振兴进程中农民文化贫困治理的相关概念和文献研究成果进行梳理的基础上，对乡村振兴进程中农民文化贫困治理的时代依据和理论依据，以及文化贫困的类型划分及其内涵、文化贫困治理的本质要求以及其实践逻辑等内容进行研究；其次，以广西农村为例，进一步深入探讨乡村振兴进程中农民文化贫困及治理的现实状况以及治理存在的主要问题及成因等内容；最后，提出了乡村振兴进程中农民文化贫困治理的路径。

本书是作者在2022年6月的博士毕业论文的基础上修订完善的成果，该成果是在博士生导师林春逸教授的指导下完成的，从研究选题、研究内容创新、框架设计到研究调研、素材收集、成果写作和修改，都凝聚了林春逸教授的大量心血。同时，在研究和写作过程中，还有很多为本研究成果的完成提供过关心、帮助和支持的领导、老师、专家、同事、同门、家人、朋友们等，他们都给予了大量的支持与帮助。在此一并表示衷心的感谢！

本书的出版，得到了"广西高等学校千名中青年骨干教师培育计划"人文社会科学类立项课题"乡村振兴背景下农民文化贫困治理逻辑与路径研究"（2022QGRW007）、广西哲学社会科学规划课题"广西高水平推进西部陆海新通道共建共享的机制与路径研究"（23FYJ028）、"广西高等学校千名中青年骨干教师培育计划"立项课题"西部地区自由贸易试验区建设的区域经济增长效应及政策支持研究"（2022QGRW029）、广西马克思主义理论研究与建设工程（广西师范大学）基地立项项目"2020年后我国相对贫困的变动趋势及其治理逻辑研究"（2020MJD04）、广西八桂青年拔尖人才培养项目（第一批）、"广西高校思想政治教育卓越教师"培育计划（第二期）、广西师范大学马克思主义学院学术著作的出版资助。

廉 超

2025 年 3 月

目
录
contents

>   >   >   >   >   >

绪　论

一、研究背景和意义

（一）研究背景

2004年3月16日，《人民日报》曾刊文探讨"文化贫困"的相关内涵及界定的问题。文章指出，文化贫困，反映了人们的科学文化知识、教育水平、科学文化素养、思想道德素质、价值观念、思维方式、行为习惯等方面落后于经济社会发展的需要，以致对其生活质量和水平乃至生存方式造成影响的一种状态。[①] 文化贫困问题，一直是学者和社会各界人士关注的重要问题。党的十八大以来，在我国打赢脱贫攻坚战的工作中，解决文化贫困问题也是开展精准扶贫、精准脱贫工作的重要内容，党和国家也因此提出了"扶贫先扶志""扶贫必扶智"等思想。随着2020年我国脱贫攻坚任务的完成，我国消除了绝对贫困，并全面建成了小康社会。与此同时，我国的扶贫工作也将由消除绝对贫困向消除相对贫困转变，相对贫困问题仍将长期存在。文化贫困，既包括绝对文化贫困，也包括相对文化贫困。在我国消除绝对贫困之后的乡村振兴进程中，文化贫困主要是指相对文化贫困问题，而消除文化贫困是一项重要的工作，如何解决农民观念、思想和精神层面等存在的相对文化贫困问题，推动农民向现代农民转变，促进农民实现自由而全面的发展，实现农民精神生活共同富裕，这是学界必须解决的重大理论课题和实践课题。

[①] 郭晓君．文化贫困：内涵与界定 [N]．人民日报，2004 – 03 – 16.

2020 年，我国消除了绝对贫困，但是相对贫困的问题依然存在。2021 年 2 月 25 日，习近平总书记在全国脱贫攻坚总结表彰大会上的讲话中明确指出，我国在建党一百周年的重要时刻，实现了现行标准下 9899 万农村贫困人口、832 个贫困县、12.8 万个贫困村全部脱贫摘帽，取得了脱贫攻坚战的全面胜利，消除了绝对贫困，为全球减贫事业和构建人类命运共同体做出了重大贡献、创造了中国样本。与此同时，习近平总书记还指出，党的十八大以来，党中央把打赢脱贫攻坚战作为全面建成小康社会的重要任务、底线任务，积极发扬钉钉子精神，带领人民群众取得了脱贫攻坚战的伟大胜利，使得脱贫群众焕发出奋发向上的精气神，展现出崭新的精神面貌，人民群众通过自己的努力创造美好幸福生活的精神蔚然成风，其精神世界得到了深刻改变和升华。[①] 可见，这是中国人民、中国共产党、中华民族在消除绝对贫困中取得的伟大胜利，为实现人民对美好幸福生活的追求，实现人的全面发展，以及实现中华民族伟大复兴的中国梦奠定了重要的基础。

随着我国农民的绝对贫困问题的解决，我国农村的扶贫和发展工作重心将由消除绝对贫困转向相对贫困的治理以及乡村振兴工作。2018 年 9 月 21 日，习近平总书记主持召开中共十九届中央政治局第八次集体学习时讲话中指出，2020 年全面建成小康社会之后，我们将消除绝对贫困，但相对贫困仍将长期存在，要将脱贫攻坚的举措转变为相对贫困的治理措施，并将该项工作纳入乡村振兴的战略架构下进行统筹安排。[②] 由此可见，绝对贫困的消除并不意味着相对贫困的消除，相对贫困仍将长期伴随着人们的生活，并将是一个长期的存在。并且，文化贫困作为一个隐蔽性较强、对人们的思想和观念影响较深的贫困类型，要从根本上解决人的观念、思想和精神等方面的文化贫困问题，需要继续付出较大的努力，如此才能更好地解决文化贫困问题，而这也将是一个长期的过程。2020 年底我国消除绝对贫困以后，农民的文化贫困问题将表现为相对文化贫困问题，农民的文化贫困问题的解决将进入一个新的治理阶段。在推动乡村振兴进程中，如何更好地解决农民的文化贫困问题，将面临着一系列新的挑战。

乡村振兴对提升农民的科技文化素养提出了更高的要求。2017 年 10 月，党的十九大报告提出了乡村振兴战略，强调要按照"产业兴旺、生态宜居、乡

---

① 习近平. 在全国脱贫攻坚总结表彰大会上的讲话 [M]. 北京：人民出版社，2021：1 - 5.
② 习近平谈治国理政第三卷 [M]. 北京：外文出版社，2020：260 - 261.

风文明、治理有效、生活富裕"的总要求，进一步加快推进农业农村的现代化进程；要加大新型农业经营主体的培育力度，促进小农户与现代农业发展实现有机衔接；加大对农民就业创业的支持和鼓励力度；在乡村治理中推动自治、法治、德治相结合。① 2017 年，习近平在参加全国两会四川代表团审议时强调要：就地培养更多爱农业、懂技术、善经营的新型职业农民。2018 年 1 月，中央一号文件《中共中央 国务院关于实施乡村振兴战略的意见》强调要加大培育新型职业农民的力度。2020 年 10 月，党的十九届五中全会审议并通过的《中共中央关于制定国民经济和社会发展第十四个五年规划和二〇三五年远景目标的建议》强调要进一步提高农民的科技文化素质，推动乡村实现人才振兴。② 2022 年 1 月，中央一号文件《中共中央 国务院关于做好 2022 年全面推进乡村振兴重点工作的意见》强调要深入推进乡村振兴人才队伍建设，加大高素质农民培育力度。③ 由此可见，乡村振兴战略的实施将进一步推动乡村文化振兴、人才队伍振兴等，并对农民的科技文化素养提升提出了更高的要求。

当前，虽然部分农村地区的农民通过发挥自身的主动性、能动性和创造性，积极参与到中国特色社会主义市场经济发展中，通过自身的劳动付出较好地共享到了国家经济社会改革发展的成果，无论是物质生活还是精神生活的质量都实现了较大幅度的提升，且农民的获得感、幸福感和满足感都获得了较大提升；但是，我们仍要看到，广大农村地区的经济社会的发展水平依然比较低，尤其是在中西部地区的边远落后农村地区，现行标准下刚摆脱绝对贫困的农民，总体来说，这些边远农村地区的农民以及刚实现脱贫的农民中的大部分人群，虽然已经摆脱了封建落后思想观念的束缚，能够较为主动地转变自身的思想观念并积极参与到乡村振兴中来，并为了实现自己对美好生活的向往而努力奋斗，但是其思想观念与实现乡村文化振兴、乡村人才振兴、乡村产业振兴等的要求仍存在较大的差距，与乡村振兴所要求的新型职业农民培养要求、现代农民的发展目标仍存在较大的距离，甚至仍然受到一定程度的封建残存思

---

① 习近平. 决胜全面建成小康社会 夺取新时代中国特色社会主义伟大胜利——在中国共产党第十九次全国代表大会上的报告 [M]. 北京：人民出版社，2017：32.
② 中共中央关于制定国民经济和社会发展第十四个五年规划和二〇三五年远景目标的建议 [M]. 北京：人民出版社，2020：21 – 22.
③ 中国政府网. 中共中央 国务院关于做好 2022 年全面推进乡村振兴重点工作的意见 [EB/OL]. http：//www. gov. cn/zhengce/2022 – 02/22/content_5675035. htm，2022 – 02 – 22.

想、国外社会思潮、消极价值观念、自身文化水平等因素的影响，致使农民仍难以充分适应乡村振兴的现实需要。因此，需要不断提升农民的文化素养，深入推动农民的思想观念转变，推动农民由传统农民向现代农民转变，以更好地适应乡村振兴的需要。

社会主要矛盾的转变对农民满足日益增长的美好精神文化需要提出了新的要求。2017年10月18日，党的十九大报告指出，中国特色社会主义进入新时代，我国社会主要矛盾已经转化为人民日益增长的美好生活需要和不平衡不充分的发展之间的矛盾。此外，党的十九大报告还强调，我国解决了人民的温饱问题，并将全面建成小康社会，人民对美好生活的向往和需求将更加广泛，这不仅体现在物质文化生活方面，还体现在公平、正义、环境等各方面，但是，人民对这些美好生活向往仍面临着发展不平衡、不充分等因素的制约；而社会主要矛盾的转变也对党和国家的各项工作提出了更高的要求，需要坚持以人民为中心的发展思想，着力解决好发展不平衡、不充分的问题，更好地满足人民日益增长的美好生活需要，更好地促进人的全面发展、社会的全面进步和人民的共同富裕。① 我国社会主要矛盾的转变不仅意味着人们的生活质量和生活水平实现了显著的提升，也意味着人民对美好生活的向往和追求将更加强烈。与此同时，我国的经济社会发展环境也为人民实现对美好幸福生活的向往和追求奠定了坚实的现实基础和物质条件。但是，我们仍需看到，我国城乡二元结构问题仍较突出，广大农村地区的农民相比城镇地区的居民而言，农村地区的农民对追求美好幸福生活的信心、能力和物质基础相对较弱，面临的发展困难也更大，大部分农民如何更好地适应乡村振兴需要，如何更好地参与到乡村振兴和市场经济发展中来，仍面临着较为严峻的挑战，尤其是如何突破自身的发展约束，增强自身的可持续发展能力，实现自由而全面的发展，对广大农民来说，这仍是一项较大的困难和挑战。

可见，在新时代背景下，广大农民如何不断满足自身日益增长的美好精神文化需要，就要进一步解放思想，正视自身的思想观念制约、文化水平限制、价值观导向等方面的问题或不足，通过补短板、强弱项，改变落后的观念，推动自身向现代农民转变，改变落后的观念，实现自由而全面的发展，如此才能

---

① 习近平.决胜全面建成小康社会 夺取新时代中国特色社会主义伟大胜利——在中国共产党第十九次全国代表大会上的报告［M］.北京：人民出版社，2017：11.

更好地满足乡村振兴的需要，更好地满足自身日益增长的物质文化和精神文化的需要，才能不断增强自己的获得感、幸福感和安全感。新时代我国社会主要矛盾的变化对农民满足日益增长的美好精神文化需要提出了新的和更高的要求，只有农民不断转变思想观念，增强自我发展能力，才能更好地适应我国经济社会的发展，更好地共享国家改革发展的成果，不断满足自身日益增长的美好精神文化需要。

实现共同富裕为实现农民精神生活共同富裕明确了目标和指明了方向。在我国"两个百年"奋斗目标的历史交汇期，以习近平同志为核心的党中央高度重视扎实推进共同富裕工作，2021 年第 20 期《求是》杂志发表了习近平总书记的重要文章——《扎实推动共同富裕》，该文章也是习近平总书记 2021年 8 月 17 日在中央财经委员会第十次会议上的讲话内容，文章突出强调，现在，已经到了扎实推动共同富裕的历史阶段。该文章还强调，打赢脱贫攻坚战和全面建成小康社会，为推动共同富裕奠定了坚实的基础；要把促进全体人民实现共同富裕作为工作的出发点和着力点，要主动适应我国社会主要矛盾的转变，更好地满足人民对美好生活需要的追求。该文章还强调，实现共同富裕是社会主义的本质要求，共同富裕是全体人民的共同富裕，是人民群众物质生活和精神生活都富裕，不是少数人的富裕，也不是整齐划一的平均主义。该文章还明确了推动共同富裕的远景目标，强调到 2035 年，要推动全体人民共同富裕取得实质性进展；到 21 世纪中叶，全体人民共同富裕目标要基本实现。同时，文章还突出强调，促进全体人民共同富裕和实现人的全面发展是高度统一的，要强化社会主义核心价值观的引领作用，加强爱国主义、集体主义和社会主义教育，不断满足人民群众的精神文化需求，促进人民群众实现精神生活共同富裕。① 由此可见，实现共同富裕是我国社会主义的本质要求，这也是坚持以人民为中心、为人民谋幸福的重要体现和要求，要把实现全体人民共同富裕放在重要的工作位置上，在经济社会发展中坚持人民至上的发展理念，既要坚持发展为了人民和依靠人民，也要坚持发展成果由全体人民共享，最终实现共同富裕；并且，既要实现人民群众物质生活的共同富裕，也要实现人民群众精神生活的共同富裕，两者协调推进，不断满足人民群众的物质文化和精神文化需要。

---

① 中国政府网. 习近平：扎实推动共同富裕 ［EB/OL］. http：//www. gov. cn/xinwen/2021 - 10/15/content_5642821. htm，2021 - 10 - 15.

推进全体人民实现共同富裕，包含推进全体农民实现共同富裕。当前，我国消除了绝对贫困，全面建成了小康社会，广大农民的物质生活和精神生活也都有了较大的改善，但我们仍要看到，由于广大农村地区的经济社会发展水平仍比较低，大部分农民的收入水平仍较低，如现行标准下刚实现脱贫的农村人口的收入水平总体上仍然较低，这依然极大制约了农民的精神文化需要，因此，实现全体人民共同富裕仍面临着较大的发展困难和挑战，而且这也将是一个长期的、渐进的发展过程。在"两个百年"奋斗目标的历史交汇期，实现共同富裕不仅是我们的共同奋斗目标，也必将对推进新时代农民精神生活共同富裕起到重要的指引和推动作用，为实现新时代农民精神生活共同富裕明确了目标和指明了方向。

（二）研究意义

1. 理论意义

（1）有利于进一步丰富相对贫困治理的理论研究内容。本书探讨了乡村振兴进程中的农民文化贫困的相关理论和实践问题，对农民文化贫困的内涵及文化贫困治理的理论和现实依据、基本内涵、存在的问题及原因等内容进行了深入的研究，进而对农民文化贫困的形成及治理的特点和规律进行深入研究，有助于进一步完善农民文化贫困治理的理论体系，补充和完善相对贫困治理的理论研究内容。

（2）有利于进一步健全农民的思想政治教育理论体系。本书从观念文化贫困、思想文化贫困和精神文化贫困等角度，深入对文化贫困的内涵及形成原因、治理面临的挑战等内容进行了深入剖析，有助于深入把握农民文化贫困及治理的特点和规律，进一步丰富了农民思想政治教育的理论研究内容，推动了农民思想政治教育的理论体系的完善，有助于促进农民思想政治教育理论的深入发展。

（3）有利于进一步丰富乡村文化振兴和乡村人才振兴的理论研究成果。本书从农民文化贫困角度，深入探讨了在推进乡村振兴进程中推动农民向现代农民转变，提升农民的文化素养，促进农民精神生活共同富裕等理论内容，不断深化乡村文化振兴和乡村人才振兴的理论内容研究，进一步推进乡村文化振兴、乡村人才振兴，进而引领和推动乡村全面振兴，并不断丰富乡村文化振兴和乡村人才振兴的理论研究成果。

2. 实践意义

（1）有利于提高农民的思想道德素养和文化水平，促进农民实现自由而全面的发展。通过对乡村振兴进程中的农民文化贫困治理问题进行研究，可以深入探讨农民文化贫困及治理的相关问题及影响因素，并据此提出推进农民文化贫困治理的对策与建议，有利于进一步提升农民的思想道德素养和文化水平，进而促进农民思想观念的转变和自身发展能力的提升，推动农民向现代农民转变，实现其自由而全面的发展。

（2）有利于促进乡村文化振兴，引领并推动乡村全面振兴。通过对乡村振兴进程中的农民文化贫困治理进行研究，深入探讨和解决乡村振兴进程中农民的观念、思想和精神等方面存在的主要问题，推动农民思想观念的现代性转变和进一步推动乡村家风、村风、民风、乡风的改变，形成良好的乡村文明新风尚，推动乡村文化振兴，并进一步引领乡村全面振兴，为推动乡村振兴奠定坚实的基础。

（3）有利于满足农民日益增长的美好精神文化需要，增强农民的获得感、幸福感和安全感。通过对乡村振兴进程中的农民文化贫困治理进行研究，有助于深入探析并解决农民的观念、思想和精神等方面存在的问题，进一步挖掘农民精神文化需求的满足所存在的问题及其背后的成因，从而有助于采取有效的对策进一步推进农民更好地满足其日益增长的美好精神文化需要，深入推进农民实现精神生活的共同富裕，有效增强农民的获得感、幸福感和安全感，更好地促进农民实现自由而全面的发展。

（4）有利于深入解决农民文化贫困问题，实现农民精神生活共同富裕。通过对乡村振兴进程中的农民文化贫困治理问题进行研究，有助于更好地解决农民的文化贫困问题，推动农民向现代农民转变，并发展成为新型职业农民，最终消除农民的文化贫困问题，并实现物质生活和精神生活的共同富裕，推动农民更好地实现自由而全面的发展。

二、相关概念界定

(一) 相对贫困

贫困一直是制约世界各国和地区人们追求物质和精神等层面美好幸福生活的重要因素,为摆脱贫困,人们付出了不懈的艰辛和努力。贫困问题,既涉及物质层面的问题,又涉及精神层面的问题;既有绝对贫困问题,又有相对贫困问题。关于贫困的内涵,最初人们主要是从收入和消费两个角度来界定,主要是指人们的收入水平低下,以致其衣、食、住、行等基本的生活需求得不到有效满足的一种生活状态。后来,学者逐渐将贫困的含义扩展至生产、文化、政治等领域,认为人们的生产经营手段、方式和能力的缺乏以及文化水平不高、发展权利缺失等都属于贫困的范畴。为此,有学者指出,贫困是指人的物质生活需要和服务以及发展手段和机会缺乏的一种状况①。诺贝尔经济学奖获得者阿马蒂亚·森 (Amartya Sen) 基于可行能力理论提出了多维贫困概念,他认为,多维贫困,不仅包括收入方面的贫困,也包括生活用水、用电、住宿、卫生、交通等维度的贫困以及人们的主观感受等维度的贫困②。阿马蒂亚·森提出的多维贫困概念,有效拓展了人们对贫困的概念、内涵和研究范围的认识,并提供了一个新的研究视角。同时,有学者指出,贫困既表现为一种客观存在,又表现为一种主观感受,而其所表现出来的落后、困难等特征则需要在特定的时空条件下运用社会所确定的最低标准来进行衡量;贫困,是能力低下、机会和权利缺少等的结果体现;贫困也是一种历史现象、现实现象,一直是一个解决难度较大的社会历史难题。③ 也有学者指出,贫困通常有以下一些特征:一是通常与落后、困难等特征相联系,并体现在经济、社会、文化以及人的精神等领域;二是意味着人的生活水平低于社会公认的最低生活水准;三是反映了人的手段、能力、机会和权利的缺失,使人们与经济社会发展不相适

---

① 童星,林闽钢. 我国农村贫困标准线研究 [J]. 中国社会科学,1994 (3):86–98.

② 王小林,Sabina Alkire. 中国多维贫困测量:估计和政策含义 [J]. 中国农村经济,2009 (12):4–23.

③ 王大超. 转型期中国城乡反贫困问题研究 [M]. 北京:人民出版社,2004:29.

应，而收入水平低下以及物质和资料的缺乏是一种表象①。还有学者指出，可以从广义和狭义对贫困进行界定。狭义上的贫困，是指根据经济收入状况来确定的一种经济收入水平较低的状态，反映了人们社会物质资料的缺少或不足；广义上的贫困，不仅指人们的收入水平低下，还反映了人们的社会地位、社会权利、自身发展能力等所处的弱势地位或弱小状态。② 可见，贫困反映了人们的物质资料、发展能力、机会和权利等方面的不足，致使其与经济社会发展需要不相适应，以及其物质生活和精神生活需要得不到有效满足或低于最低生活水准的一种生活状况。并且，贫困具有动态性、历史性等特征，并不是永远不变的，会随着经济社会发展水平以及人们的文化水平、生存条件以及个人需求的变化而变化，并且贫困的认定标准也会随着经济社会发展水平和最低生活认定标准而有所变化，因此贫困的状态是一种暂时的、相对的状态。同时，贫困的形成原因，既包括经济层面的因素，也包括社会、文化、精神等层面的因素影响，贫困的成因具有多元化特点。③ 此外，可以从不同角度对贫困进行类型划分。根据贫困的不同程度，可以将贫困划分为绝对贫困、相对贫困；按照贫困的不同内容，可以将贫困划分为物质贫困、精神贫困和文化贫困；按照贫困的不同层次，可以将贫困划分为生存型贫困、温饱型贫困和发展型贫困。④

相对贫困是贫困的一种重要类型，与绝对贫困相对应。有学者从收入或物质条件等角度来对其进行定义，有学者认为，绝对贫困反映了在一定的环境和条件下，居民维持其生存所必需的基本物质条件得不到有效满足的一种生活状态；而相对贫困反映了居民的生活水平低于社会成员的平均水平的一种状态，反映了人们之间存在一种收入差距。⑤ 同时，相对贫困还体现了人们生活所需要的物质条件具有相对性，其生活必需品的数量和质量标准具有历史性，并不是一成不变的。⑥ 同时，贫困问题不只是涉及人们的温饱问题，还涉及人们的文化生活、政治生活、精神需求等方面。⑥⑦因此，相对贫困，既涉及物质的相对贫困方面，又涉及人的文化生活、政治生活和精神需求等的相对贫困方面，相对贫困的内涵不断丰富。由此可见，相对贫困反映了人们之间存在的一种收

---

① 唐钧. 确定中国城镇贫困线方法的探讨 [J]. 社会学研究，1997 (2)：62 - 73.
② 王宁. 金融扶贫理论与实践创新研究 [M]. 北京：人民出版社，2018：35.
③ 王宁. 金融扶贫理论与实践创新研究 [M]. 北京：人民出版社，2018：36.
④ 王大超. 转型期中国城乡反贫困问题研究 [M]. 北京：人民出版社，2004：29.
⑤ 刘子操. 城市化进程中的社会保障问题 [M]. 北京：人民出版社，2016：243.
⑥ 夏英. 贫困与发展 [M]. 北京：人民出版社，1995：16.
⑦ 刘子操. 城市化进程中的社会保障问题 [M]. 北京：人民出版社，2016：244.

入或水平差距，而且这种差距的存在使得人们生活、文化等方面的水平低于社会平均水平，进而制约其全面发展。相对贫困本质上与社会不平等有着密切的联系，而相对贫困的消除或缓解，也就是消除或缓解社会不平等，进而让社会可以被人们接受的过程，但是相对贫困的加剧会导致社会的不平等程度加剧并可能造成严重的社会影响。①

（二）文化贫困

文化贫困是贫困的一个重要方面，虽然我国绝对贫困已消除，但相对贫困问题依然存在，我国的扶贫工作将由绝对贫困向相对贫困转变，正如习近平总书记所说"相对贫困仍将长期存在"②，因此，文化贫困问题也将在一个较长的时间内作为相对贫困问题而存在。在乡村振兴进程中，进入相对贫困治理的新阶段后，文化贫困的治理更显得尤其重要，要实现乡村振兴，就必须要高度重视并筑牢乡村振兴之"魂"的问题，而文化贫困治理问题是筑牢乡村振兴之"魂"所绕不开的关键问题，需要高度重视乡村振兴进程中的文化贫困治理问题，这也是实现乡村振兴的必然要求。

其中，在我国语境中，"文化"一词的内涵，较早可以追溯到《周易》中的"观乎人文，以化成天下"，其意蕴也较贴近文化的内涵。③而最早将"文化"作为一词来使用，则要追溯到西汉史学家刘向《说苑·指武》中的"凡武之兴，为不服也，文化不改，然后加诛。"在此之后，"文化"一词开始被广泛使用，而在中国古代中，"文化"代表着一种思想、方法和主张，主要属于精神文明的范畴。④现代的文化，可以理解为以文化之，其中，可以将"文"理解为一种思想、观念和智慧，而"化"可以理解为用这种思想、观念和智慧来影响和教化人们，促使人们的思想和行为发生变化。为此，"文化"也就是指用具有影响力、感染力、凝聚力的思想、观念和智慧来引导和推动人、社会和事物的发展。⑤而在西方语境中，文化即"Culture"，原意含有"种植"的意思，后引申为"培养""教育"等含义；17世纪，德国历史学家

---

① 夏英. 贫困与发展 [M]. 北京：人民出版社，1995：16-17.
② 习近平谈治国理政第三卷 [M]. 北京：外文出版社，2020：260.
③ 中共黑龙江省委宣传部、黑龙江电视台. 文化伟力 [M]. 北京：人民出版社，2012：4.
④ 张立学. 以文化人：大学文化育人研究 [M]. 北京：人民出版社，2019：21.
⑤ 中共黑龙江省委宣传部、黑龙江电视台. 文化伟力 [M]. 北京：人民出版社，2012：5.

普芬道夫曾把"文化生活"与"精神生活"称为同义词;同时,德国古典哲学家黑格尔也把文化与思想联结起来。① 19 世纪,西方理论界对文化的内涵和理解更加广泛,如人类学家泰勒将文化与文明并列起来进行定义,认为其是一个包括知识、信仰、艺术、法律、道德、习俗、能力和行为习惯等内容的综合体。② 在我国,文化更加强调发挥"文治教化"的作用,同时在马克思主义的文化指向中主要是指"观念形态的文化"③。同时,马克思主义经典作家从唯物史观角度对文化的内涵进行了阐释,其中马克思、恩格斯多次使用"文化"一词,虽然其没有对文化的概念进行具体解释,但是其主要从精神生产、意识形态、观念、思想、艺术等角度来表述其观点,也就是说,文化是人类在实践活动过程中创造的成果和产物,其最终目的是实现人的自由全面发展。④ 毛泽东在《新民主主义论》中指出:"一定的文化(当作观念形态的文化)是一定社会的政治和经济的反映,又给予伟大影响和作用于一定社会的政治和经济。"⑤可以看出,毛泽东把文化作为一种观念形态的文化进行了阐释。总体而言,文化的内涵是不断发展的,其内涵和外延也在不断拓展。概括来讲,文化主要有广义和狭义之分,广义上的文化主要指人类在改造世界和改造自身的对象性活动中所创造的一切物质财富和精神财富的总和;狭义上的文化主要指人的思想、观念、心理、思维、行为习惯和精神等形态的文化,主要反映人类在精神层面的根植于主体世界的存在形式及其实践活动创造成果。⑥⑦ 本书所研究的文化是以狭义的文化为理论基点的。

关于文化贫困的内涵及界定,早在 2004 年 3 月 16 日就有学者在《人民日报》刊文进行了探讨⑧,但是,由于文化贫困的内涵的丰富性及其界定的复杂性,学界至今尚未形成统一的观点,争论也较多,但这并不影响学者对这个问题的深入探讨。有学者指出,文化贫困是一种价值观念形态的文化现象以及人的知识、观念、思维方式、信仰等的滞后和贫乏现象,这种现象的形成与封建

① 杨宝忠. 社会主义和谐文化研究 [M]. 北京:人民出版社,2018:120.
② 杨宝忠. 社会主义和谐文化研究 [M]. 北京:人民出版社,2018:120 – 121.
③ 杨宝忠. 社会主义和谐文化研究 [M]. 北京:人民出版社,2018:121.
④ 张立学. 以文化人:大学文化育人研究 [M]. 北京:人民出版社,2019:23 – 24.
⑤ 毛泽东 周恩来 刘少奇 朱德 邓小平 陈云 格言 [M]. 北京:中央文献出版社、上海人民出版社,1997:70.
⑥ 杨宝忠. 社会主义和谐文化研究 [M]. 北京:人民出版社,2018:122 – 123.
⑦ 贺祖斌,林春逸,肖富群,等. 广西乡村振兴战略与实践·文化卷 [M]. 桂林:广西师范大学出版社,2009:4.
⑧ 郭晓君. 文化贫困:内涵与界定 [N]. 人民日报,2004 – 03 – 16.

制度下的传统小农经济的生活和思维方式，以及道德、观念、信仰、习俗等的延存密切相关，是受地域对外交流、社会主流意识、教育水平、人口素质水平等各种因素影响的长期综合作用结果，并导致群众的生活节奏和作风、精神面貌、思想状况、眼光和视野、接受新鲜事物、心态、行为方式等方面都存在较大的局限。① 同时，文化贫困是物质贫困长期存在导致的结果，也是物质贫困的一种人文表现，而文化贫困又与人们的价值观念、思维方式、思想观念、精神面貌等因素密切相关，对人们的思想观念、思维方式、行为方式等具有直接影响，对人们的主观能动性具有重要影响；相比物质贫困而言，文化贫困是一种更深层次的对人们的思想、观念和行为具有重要影响的贫困，长期生活在文化贫困的环境当中，会使人们自发形成一道抵御外来文化影响和冲击的壁垒，同时又通过强化对人的影响来强化该壁垒对外界的抵御作用。因此，文化贫困是一种受到自然环境、经济发展、人口素质、资源丰裕程度、思想观念、价值观念、精神面貌等多种因素共同作用而形成的贫困现象。② 此外，文化贫困也是人文贫困的一种重要表现形式，而人文贫困包含着人的主观心理感受、低教育程度、社会地位低下等方面，我们通常所看到的物质贫困只是一种表层贫困，而人文贫困的隐蔽性更强，是一种更难以解决的深层贫困问题。③ 总之，结合狭义的文化的概念，本书所指的文化贫困是指人们的思想、观念、精神等形态的文化的滞后或贫乏现象，致使其自身不能更好地适应经济社会发展需要，并制约着其自身自由而全面发展的一种状态。

文化贫困的形成，与人们自身特定的思维方式、价值观念、生活方式密切相关，而消除文化贫困，绝不是一朝一夕就能完成的，改变人们的思维方式、价值观念、知识体系都需要一个较长的过程，难以短期内完成，文化贫困治理的困难程度也比物质贫困的解决要困难得多。④ 同时，文化贫困的形成，还与贫困文化的影响有着密切的联系，文化贫困是贫困文化的一个重要特征，贫困文化的不合理改造和发展会导致事实上的文化贫困，而"人性的丰富性"丢失，也是一种文化贫困。⑤ 并且，文化贫困会制约人们对科学技术知识、方法的理解和认识，会导致人们缺乏自信并减少与外界的交流，进而影响自身的思

---

① 任福耀，王洪瑞. 中国反贫困理论与实践 [M]. 北京：人民出版社，2003：214-215.
② 任福耀，王洪瑞. 中国反贫困理论与实践 [M]. 北京：人民出版社，2003：215-216.
③ 王玲玲，冯皓. 发展伦理探究 [M]. 北京：人民出版社，2010：149.
④ 滕翠华. 中国特色城乡文化一体化发展问题研究 [M]. 北京：人民出版社，2019：59.
⑤ 张丽. 文化困境及其超越 [M]. 人民出版社，2013：109-110.

想观念和意识，最终影响其生产力水平的提升，影响其社会竞争力的提升。^①而且，贫困也是经济贫困、文化贫困等贫困维度共同作用的结果，文化贫困会导致经济贫困，同时经济贫困也会加剧文化贫困，两者形成一种恶性因果循环。^② 而文化贫困在农村弱势群体中的表现最为突出，表现为受教育水平低、科技文化水平低、思想观念落后等方面，^③ 其相比物质贫困而言，具有隐蔽性、非量化性、持久性等特点，也因此容易被人们忽视^④。

可以看出，文化贫困不同于收入贫困等可以通过数据来进行量化的指标，文化贫困是涉及人们的思想、观念、精神等形态的文化滞后或贫乏的状况，难以通过具体的数据进行量化或界定，因此，难量化性是文化贫困的一个重要特点。但是，我们还要看到，文化贫困是反映人们的思想、观念、精神等形态的文化滞后或贫乏现象的一种复合指标，为此，可以根据文化贫困的具体表现来对文化贫困进行综合评判，用以反映文化贫困的程度。如果文化贫困的具体表现反映的文化贫困程度较深，则其文化贫困相对较严重；反之，如果文化贫困的具体表现反映的文化贫困程度较低，表明其文化贫困相对较弱。

（三）　文化贫困治理

结合文化贫困的内涵及其治理的特点和规律，本书所指的文化贫困治理是指综合运用各种资源、方法、手段、途径等，与阻碍文化贫困问题解决的各种矛盾、问题和风险做斗争，推动文化贫困治理工作得以实现科学、规范、有序和高效开展，推动文化贫困主体消除文化贫困问题并实现精神生活的共同富裕和自由全面的发展。为此，要深刻把握文化贫困治理的内涵，需要把握文化贫困治理的以下几大要求。一是要结合文化贫困关于反映人们的思想、观念、精神等形态的文化滞后或贫乏现象的深刻内涵，在推动文化贫困问题解决的过程中，需要深刻把握文化贫困的内涵、形成机制、影响因素及其特点，遵循文化贫困问题解决的内在要求和规律，深入推动文化贫困问题得到合理有效解决。二是在推动文化贫困消除的过程中，要围绕人的文化贫困问题，注重发挥人的

---

① 高洁. 我国西部农村地区社会医疗保险的政府供给机制研究［M］. 人民出版社，2007：163.
② 汪习根. 平等发展权法律保障制度研究［M］. 北京：人民出版社，2018：129.
③ 王玲玲，冯皓. 发展伦理探究［M］. 北京：人民出版社，2010：149.
④ 王玲玲，冯皓. 发展伦理探究［M］. 北京：人民出版社，2010：151.

主体性、能动性和创造性作用，增强人的自我发展能力，促进人们实现精神生活的共同富裕，并推动人们实现自由而全面的发展。三是采取科学的、合理的、有效的办法和措施，推动文化贫困治理工作的科学化、规范化、程序化、制度化、有序化、专业化开展，促进文化贫困治理工作取得实实在在的成效，使人民群众的获得感、幸福感和安全感显著增强。因此，解决文化贫困问题，需要遵循文化贫困问题解决的特点和规律，从文化贫困的内涵及其实际出发，采取有针对性的文化贫困治理措施推动文化贫困问题的解决，推动相关文化贫困治理工作实现科学化、规范化、程序化、制度化、有序化、专业化开展，并从根本上消除文化贫困，满足人民群众日益增长的精神文化需要，最终实现人民群众精神生活的共同富裕以及其自身的全面自由发展。

本书所指的文化贫困治理，强调的是采取科学的、合理的、有效的措施来推动文化贫困问题的解决，核心是解决人的思想、观念、精神等形态的文化滞后或贫乏问题，因此，本书所研究的农民文化贫困治理问题属于思想政治教育的研究范畴，就是研究农民的自由而全面发展问题。从思想政治教育的理论来看，农民文化贫困治理不仅是一个社会问题，更是一个人的思想政治教育问题和自我价值实现问题。农民文化贫困治理已经充分回答了"为了谁"的问题，实现共同富裕是我国社会主义的本质要求，通过解决我国农民的文化贫困问题，促进农民实现物质生活和精神生活的共同富裕以及实现农民自由而全面的发展，都是坚持以人民为中心和为人民谋幸福的重要体现。因此，推动农民文化贫困治理，需要坚持以人民为中心，加强农民的思想政治教育，提升农民的文化素养，推动农民向现代农民转变，更好地适应乡村振兴的需要，在自我发展和经济社会发展中促进自身实现自由而全面的发展，这是推动文化贫困治理的基本目标和要求。

（四）现代农民

一般而言，农民一般具有以下几个特点。一是农民所从事的生产经营活动主要以农业生产劳动为主，围绕农业开展各种生产经营活动，所涉及的行业主要是农、林、牧、渔业以及农村副业。二是农民所生活的区域主要是偏离城镇的农村地区，其区域范围一般与城镇相对应，城镇以外的人们生活的偏远区域一般都可以称为农村。三是农民的群体生活主要以聚居为主，且其聚居区域的分布也相对较为分散，也有农村个体或家庭的居住地相对较分散，主要是由于农村的地域相对较宽阔，但是生产生活资源相对较为缺乏所影响。四是传统意义上的农民一般有"思想落后""思想观念陈旧"等特征，但现代化的农民区别于传统意义上的农民，现代化的农民反映了其身上具有一种现代化的思想观念和素质等特质。由此可见，农民一般指聚居或分散居住在农村偏远地区的以农业生产经营活动为主的人。从农村地区流向城镇地区就业和生活的农民，由于其从事的工作已经不是以农业为主，且生活的地区不在农村，所以流向城镇地区的农民不是本书关注和研究的对象，本书所研究的农民仅是指生活在农村偏远地区的且以农业生产经营活动为主的农民。

2017年10月18日，习近平总书记在党的十九大报告中指出，中国特色社会主义进入了新时代，这是我们国家新的历史方位。这个新时代，是一个实现中华民族从"站起来""富起来"到"强起来"飞跃的新时代，是人民创造和追求美好幸福生活、实现共同富裕的新时代，是社会主要矛盾转化为人民日益增长的美好生活需要和不平衡不充分发展之间的矛盾的新时代，在这个新时代，人们对物质生活和精神生活有了更高的追求，但同时也面临着发展不平衡、不充分等严峻挑战。因此，本书所指的现代农民，是中国特色社会主义新时代下的且在乡村振兴进程中的具有现代化的思想、观念、精神、思维、行为和生活方式以及社会主义核心价值观的农民，其思想观念、行为习惯、价值取向和思维方式能够有效适应现代经济社会发展的现实需要，能够在参与经济社会发展中推动自身乃至家庭成员的自由全面发展。现代农民是有着较高的文化素养和水平，懂得将所学的文化知识和技术应用到农业的生产活动中，并善于从事农业生产经营活动的现代职业农民。①

现代农民是经济社会发展的必然产物，大多经由传统农民转化而来的，现代农民和传统农民的一个本质区别，就是现代农民接受过较高水平的素质教育，且能够较为熟练地运用现代技术开展农业生产活动，能够较好地参与到市场经营活动中。② 只有推动人的现代化和实现人的全面发展，才能充分激发人的主动性、能动性和创造性，而农民是乡村振兴的主体和生力军，只有推动农民向现代农民转化，才能更好地实现乡村振兴和实现农民的自由而全面发展，而如果没有农民的现代化，就将难以实现乡村和农业的现代化，因此，需要着

① 郭磊磊，郭剑雄.人力资本深化对城乡经济一体化的影响——基于要素收益率趋同视角 [J].西北人口，2018，39（1）：23-31.
② 涂平荣，陈琳琳，等.农村籍大学生返乡创业推进机制研究 [M].北京：人民出版社，2018：108.

力培养现代农民，促进农民的思想、观念、行为、素养等更好地适应农业农村现代化的发展需要，促进农民从思想意识上成为现代农民，不断提升农民的文化素养和道德素质，推动农民的文明素养和道德素质与农业农村现代化相契合。① 传统农民向现代农民转变，主要体现在农民的价值观念以及农民的技能和行为方面的转变，而传统农民由于受农村传统文化的影响较大，其传统的东西相对较多，现代性的东西相对较少，因此，推动农民的现代化，应包括推动农民的思想、观念、思维、行为等的现代化，推动农民获得新观念、新思想、新知识、新技能，推动农民转变成为现代农民。② 因此，在中国特色社会主义进入新时代和实施乡村振兴战略的背景下，如何解决农民在思想、观念和精神等方面的文化滞后或贫乏问题，以便充分激发农民的主体性、能动性和创造性，增强农民的自我发展能力，推动农民向现代农民转变，促进农民实现自由而全面的发展，实现农民物质生活和精神生活的共同富裕，是摆在我们面前的一个重要课题。

（五）乡村文化振兴

2017 年 10 月 18 日，习近平总书记在党的十九大报告中提出要实施乡村振兴战略，强调要按照"产业兴旺、生态宜居、乡风文明、治理有效、生活富裕"的总要求，加快推进农业农村现代化。2018 年 9 月 21 日，习近平总书记在主持中共十九届中央政治局第八次集体学习时的讲话中强调，乡村振兴是包括产业振兴、人才振兴、文化振兴、生态振兴、组织振兴的全面振兴。③ 由此可见，乡村文化振兴作为乡村振兴的精神之"魂"，是乡村振兴的重要组成部分。2018 年，中共中央、国务院印发的《乡村振兴战略规划（2018—2022年）》强调，要坚持以社会主义核心价值观为引领，以传承发展中华优秀传统文化为核心，以乡村公共文化服务体系建设为载体，培育文明乡风、良好家风、淳朴民风，推动乡村文化振兴。④ 有学者指出，乡村文化振兴，是要通过

---

① 马桂萍. 农民专业合作社与社会主义新农村建设载体研究［M］. 北京：人民出版社，2016：89－90.

② 许耀桐. 中国基本国情与发展战略［M］. 北京：人民出版社，2001：485.

③ 习近平谈治国理政第三卷［M］. 北京：外文出版社，2020：259.

④ 中共中央　国务院. 乡村振兴战略规划（2018—2022 年）［M］. 北京：人民出版社，2018：60.

深入挖掘我国优秀传统农耕文化中所包含的思想观念、人文精神、道德规范，并对其进行创造性转化和创新性发展，进而促进中华优秀传统文化的传承、保护和发展，促使我国乡村优秀传统文化焕发新的生机和发展活力，更好地适应我国乡村振兴的现实需要。① 有学者指出，乡村文化振兴是推动乡村精神文化的全面振兴，本质上是通过乡村文化发展载体的建设来促进人们的文化感知和价值规范，并在社会主义核心价值观的引领下推动互助、合作、信任等乡村"合作文化"的建设并消除利益主义、利己主义、"搭便车"思想等"不合作文化"的过程。② 有学者指出，乡村文化振兴的内涵不仅包括乡村优秀传统乡土文化的传承和创新，而且包含将城市现代文化有机融入乡村传统优秀乡土文化之中，打造乡村现代文化体系，消除城乡文化差异，推动乡村现代文化的发展。③ 有学者指出，乡村文化振兴包括以下几个内涵：一是坚持人与自然和谐相处的理念，尊重自然规律，顺应自然、融入自然；二是弘扬勤俭节约、艰苦奋斗等优良作风，反对封建迷信等各种不良风气；三是弘扬传统美德，加强社会公德、职业道德、家庭美德、个人品德等方面的建设；四是弘扬和传承创新乡村优秀农耕文化，实现创造性转化和创新性发展，促进城乡文化融合发展。④ 有学者指出，乡村文化振兴的基本内涵包括对中国乡土文化的传承和弘扬，积极发挥社会主义核心价值观的引领作用及推动其与中国优秀传统伦理文化有机融合，构建具有中国特色的社会主义乡村文化体系，并为推动世界文化的多元化发展提供中国样本。⑤ 由此可见，乡村文化振兴是指在社会主义核心价值观的引领下，深入挖掘乡村优秀传统乡土文化中的思想观念、人文精神和道德规范，并将乡村优秀传统乡土文化与城市现代文化实现有机融合，推动乡村优秀传统乡土文化实现创造性转化和创新性发展，打造现代乡村文化体系，以更好地达到以文铸魂、以文化人、以文立村和以文兴业等目的，更好地推动乡村振兴。

---

①　贺祖斌，林春逸，肖富群，等. 广西乡村振兴战略与实践·文化卷［M］. 桂林：广西师范大学出版社，2009：6.

②　杜威漩. 乡村文化振兴助力农田水利供给质量提升研究——农户视角的分析［J］. 重庆大学学报（社会科学版），2022，28（2）：15 - 25.

③　向天成，赵微. 社会交往理论视域下乡村文化振兴的实践理路［J］. 贵州民族研究，2020，41（6）：42 - 47.

④　龙文军，张莹，王佳星. 乡村文化振兴的现实解释与路径选择［J］. 农业经济问题，2019（12）：15 - 20.

⑤　范建华，秦会朵. 关于乡村文化振兴的若干思考［J］. 思想战线，2019，45（4）：86 - 96.

三、文 献 综 述

文化贫困问题是关系农业、农村和农民现代化的关键问题，关系能否筑牢乡村振兴之"魂"，影响农民的现代化和自由全面发展的核心问题，因此，文化贫困问题一直是学界关心的一个重要问题。学者从不同角度对农民文化贫困问题开展了一些相关研究，主要体现在以下各方面。

（一）农民文化贫困的相关内涵研究

目前，国内外学者从不同角度对文化贫困的内涵进行了一些相关研究。有学者认为，文化贫困是贫困的一个重要研究内容，是主体因其主体性因素缺乏而在思想观念、生活方式、价值观、行为习惯、心理素质、教育水平等方面发展滞后形成的状况。[①] 美国人类学家刘易斯是较早将贫困作为一种文化现象来进行深入研究的学者，其于 1959 年提出了"贫困文化"的概念，其中贫困文化突出表现为人们的目光短浅、视野狭隘、缺乏远见，并具有宿命感、无助感和自卑感等表现，与社会现实需要严重不符。此外，刘易斯还认为，贫困文化是穷人贫困的重要根源，是穷人的一种生活方式。同时，班费尔德、哈瑞顿等人也对此进行了相关探讨，其中，班费尔德认为穷人由于内化了的落后的价值观念致使其无法利用自己的力量去摆脱贫困，而哈瑞顿则认为，穷人代表着一种文化、制度和生活方式，并且贫困会因为文化的代际传递而使贫困陷入恶性循环，可以看到，刘易斯、班费尔德、哈瑞顿等人通过文化视角来研究和阐释贫困的内涵，使得贫困的内涵研究发生了较大转变。[②③] 有学者认为，刘易斯的有关贫困文化的理论之所以被很多人吸引，主要是其理论具有较强的文化特征，且其所描述的状况与社会底层人们的生存状况极为相似，因此受到人们的广泛关注。[④]

有学者认为，文化贫困反映了某一特定文化所处的低水平、低层次特点，

① 吕洋. 蒙古族村落社会文化贫困问题探源 [J]. 黑龙江民族丛刊，2015 (1)：37-41.
② 王亚飞. 城乡统筹中的农村文化贫困问题与对策研究 [J]. 农业经济，2008 (4)：75-76.
③ 徐辉，郝宗珍. 消除结构性文化贫困的路径选择 [J]. 中国证券期货，2010 (1)：100-101.
④ 辛秋水. 注重解决农民的文化贫困问题 [J]. 中国党政干部论坛，2006 (2)：37-39.

其主要体现在知识贫困、文化生活单调、价值观低俗化或缺失、信仰信念迷失、文化作品原创性缺乏、文学艺术品位低、生活方式贫困等方面。① 有学者认为，文化贫困既有广义和狭义之分，又可以将其划分为绝对文化贫困、相对文化贫困。其中，从广义来看，文化贫困是指因地区因文化物质资源缺乏、科技发展落后、社会保障体系不健全、人的行为方式落后等导致地区文化发展滞后以及落后生产生活状况的状态。从狭义来看，文化贫困是指因个体的思想观念、心理素质与行为习惯等与当前社会文化发展不相适应，从而导致其自身发展滞后的状况。绝对文化贫困是指地区或个体的文化资源、思想观念、价值观、文化水平、科技素养、行为习惯等严重落后于社会发展的整体水平，并突出表现为教育年限短、文化知识匮乏、价值观念陈旧落后、思维方式单一、自我发展能力不强等方面，导致其无法满足自身美好生活需要的一种落后状态；相对文化贫困是指各地区或主体的文化资源、思想观念、价值观、文化水平、科技素养、行为习惯等不适应当前社会发展趋势，其虽然能满足或适应个体的基本需要，但不能较大程度地推进个体或社会的全面发展。②③④ 也有学者认为，相对文化贫困反映了居民的文化水平没有与物质生活水平实现同步提升，其文化教育水平和素养的提高速度远跟不上经济社会发展水平的提升速度，致使居民的文化观念在推动经济社会向前发展方面所发挥的作用较为有限，制约着经济社会的整体生存和发展。⑤

有学者认为，由于文化贫困包含着人的思想观念、思维方式和行为习惯等方面的落后问题，文化贫困具有隐蔽性、非量化等特征，致使人们无法对其进行量化评价，也使其治理变得更加困难，而物质贫困的消除，只是贫困消除工作的一部分，不足以从根本上消除文化贫困，并且文化贫困具有其自身特定的、落后的价值观念和文化体系，这种价值观念和文化体系具有较强的稳定性，短期内将难以改变，需要一个长期的过程。⑥ 有学者认为，文化贫困所产生的影响往往比人口素质低下要更为深远，会导致社会群体在思想观念、思维模式、生活方式、风俗习惯和专业技能等方面发展滞后，并且这种发展滞后与

①⑥　熊丽英. 贫困文化和文化贫困 [J]. 求索，2004（2）：133 – 135.
②　马杨，廖和平，刘愿理，等. 省域文化贫困测度及空间格局研究 [J]. 西南大学学报（自然科学版），2020，42（10）：46 – 54.
③　李志霞，丁丽. 对农村文化贫困女性的社会学考究 [J]. 学术交流，2012（8）：127 – 130.
④　王亚飞，董景荣. 新农村建设中的文化贫困问题与对策——破解"三农"问题的一种视角 [J]. 农业现代化研究，2008（3）：285 – 288.
⑤　王亚飞. 城乡统筹中的农村文化贫困问题与对策研究 [J]. 农业经济，2008（4）：75 – 76.

封建思想遗留、农村与外界缺乏交流、农村文化发展滞后、人口素质低下等密切相关，并表现为生活方式单一、生活节奏慢、缺乏生活热情、存在惰性思想、视野狭窄等，反映了人们淳朴的人生观、价值观及其陈旧的思维方式。①

（二）农民文化贫困的具体表现及原因研究

有学者认为，贫困在文化知识、思想观念、价值和心理行为等方面所表现的发展滞后现象，使得贫困更具有文化特点，而且，广大农村地区存在着"文化贫困陷阱"的现象，并表现为农民存在着精神贫困、农村的贫困文化不断强化、城乡二元文化结构差异进一步凸显、对农民的文化排斥等，并且农村进城务工人员因其思想观念、思维方式、生活习惯等滞后，存在陷入被边缘化和贫困恶性循环的情况。② 有学者从人的工具性和意识形态性两个角度探讨了文化问题，将当时俄国主要存在的文化问题分为两种类型：首先是工具性文化问题，包括人的识字率、对工具书的掌握、缺乏计算知识和管理知识等，这种文化问题是最迫切需要解决的，同时也相对较容易解决；其次是意识形态性文化问题，包括封建落后的思想观念、自私自利观念、官僚作风等，这种思想观念更具主观性，同时其治理也更艰难和复杂，也将是长期的过程，而且，意识形态性文化问题的解决需要以工具性文化问题的解决为基础，但后者不是前者的充分必要条件。③ 有学者认为，一些落后地区的文化贫困现象具有生活方式单一、婚育观念落后、安土重迁、安于现状、"等靠要"、人生态度消极、生活懒散等特征，人们通常满足于现实的基本生活需要，而对改变生活、实现新的发展缺乏兴趣和热情，甚至对改变现状产生较大的抵触情绪，不愿意去改变现状。④

有学者认为，由于农村地区面临着文化市场发展滞后、公共文化体系不健全等问题，在工业时代、后工业时代文化发展的影响和冲击下，农村地区将面

① 杨蓉，赵多平. 宁夏南部山区人口文化贫困初探［J］. 宁夏大学学报（自然科学版），2011，32（2）：181－184.

② 陈前恒，方航. 打破"文化贫困陷阱"的路径——基于贫困地区农村公共文化建设的调研［J］. 图书馆论坛，2017，37（6）：45－54.

③ 张英琇，李健. 打好摆脱社会主义"文化贫困"的持久战——列宁"政治遗嘱"中的文化忧思［J］. 马克思主义研究，2019（10）：133－140.

④ 郝双才. 消除文化贫困：山西贫困农村义务教育健康发展的智力保证［J］. 山西档案，2014（1）：126－129.

临着文化资源和服务匮乏的严峻挑战。① 有学者认为，贫困落后地区有着与现代文明不相融合的、消极落后的文化，这种文化制约着贫困落后地区的经济社会发展，造成当地居民思想观念的非进取性，使得当地居民的守旧思想和倾向非常强，拘泥于传统思想和观念，改革创新意识较弱，不善于接受新事物、新思想、新观念，安于现状，缺乏统一的、长远的规划和安排。并且，贫困落后地区的文化具有自我维系及传递性等特点，而且长期生活在这些文化和地区中的人们容易形成一种固定的生活方式、思想观念和行为习惯，并制约人们接受外界的思想和文化，对外来思想和文化具有一定的排斥性，进而使其难以摆脱自身传统和当地落后文化的影响和约束。② 有学者对农村女性的文化贫困现象进行了研究，研究认为，女性文化贫困因受到传统落后观念、社会环境等因素的影响表现出思想观念落后、文化程度低等特点，这些落后的思想观念与农村社会的环境、传统文化以及农村女性的自信心等因素共同导致了农村女性文化贫困的形成；同时，城乡二元结构、农村经济发展水平低下等因素也是导致农村女性文化贫困形成的重要根源。③

（三）农民文化贫困的影响因素研究

有学者认为，农民文化贫困是受历史、文化、制度、宗教、地理等各种因素的错综复杂影响而形成的，如果只是增加农民的经济收入并不能使其文化贫困问题得以解决，农民陈旧、落后的思想观念依然存在，并会导致其陷入文化贫困的恶性循环中。④ 有学者认为，文化贫困受基层政府文化服务职能、传统思想和文化观念、城乡二元结构、教育资源充裕程度、农民收入水平以及文化消费能力等因素的共同影响。⑤ 有学者认为，影响文化贫困的因素主要包括以下几个：一是人们对摆脱贫困缺乏足够的文化自信；二是基层管理干部和群众的文化发展理论缺乏且陈旧；三是推动落后地区文化产业发展所需要的资源和

①　谈国新，文立杰，张杰，等. 文化精准扶贫的对象识别与路径选择——从"文化贫困"的逻辑前提出发 [J]. 图书馆，2019（3）：1-6，19.
②　杨蓉，赵多平. 宁夏南部山区人口文化贫困初探 [J]. 宁夏大学学报（自然科学版），2011，32（2）：181-184.
③　李志霞，丁丽. 对农村文化贫困女性的社会学考究 [J]. 学术交流，2012（8）：127-130.
④　曾鸣. 互联网使用对西部农村居民文化贫困的影响 [J]. 调研世界，2019（9）：49-55.
⑤　王亚飞，董景荣. 新农村建设中的文化贫困问题与对策——破解"三农"问题的一种视角 [J]. 农业现代化研究，2008（3）：285-288.

要素缺乏；四是缺乏优秀的文化产业发展和管理人才；五是落后地区的文化发展缺乏生命力；六是文化发展和服务效能比较低下。[①] 有学者认为，影响农村女性文化贫困的原因涉及文化程度、思想观念、价值观、思维方式以及行为习惯等，这些因素使得农村女性的思想观念与现代经济社会的发展不相适应，进而制约了其自身的生产和发展。与此同时，可以看到，首先从微观层面来看，个人主观意识及其思想观念陈旧、滞后都是文化贫困的重要影响因素；其次从中观层面来看，家庭因素也是影响文化贫困的重要因素；最后是从宏观层面来看，农村女性的资源获取能力、文化产品和服务的消费能力不足、文化发展制度的不健全等，也都是造成农村女性文化贫困的重要影响因素。[②] 此外，有学者认为，影响文化贫困的核心要素主要包括四个，分别是物质资源、科学技术、行为方式以及社会保障等，这四个核心因素共同构成了文化贫困的理论框架。其中，物质资源为文化贫困问题的解决提供了丰富的文化物质资源，并对各地区的经济文化发展产生积极的正向作用；科学技术为满足物质文化需求，推动文化贫困问题的解决提供更高层次、更高质量的发展动力；行为方式反映了个体的学习态度、文化程度、文化发展投入等对自身的文化贫困的影响；社会保障是奠定文化建设基础，推动文化贫困问题解决的重要基础保障。[③]

（四）农民文化贫困的相关实证研究

有学者结合 2015 年中国综合社会调查的数据库数据，从"是否上过学""心理健康""看电视""出去看电影""读书、看报""参与文化活动""与亲戚朋友聚会""认知能力"等八个维度构建了农村居民的文化贫困评价指标体系，并采用有序 Probit 回归模型等方法探讨了互联网使用对农村居民文化贫困的影响机制，研究发现，互联网的使用对降低文化贫困发生概率具有显著的正向影响，但是针对不同类型的文化贫困具有一定的差异，其对降低教育贫困发生概率的影响是最显著的，但一定程度上也会增加心理健康贫困的发生概率；

① 张祝平. 我国贫困地区文化贫困因素及文化扶贫对策 [J]. 行政管理改革, 2018 (6): 60–65.
② 赵金子, 周振. 农村女性文化贫困成因及其治理——以社会生态系统理论为视角 [J]. 西北农林科技大学学报（社会科学版）, 2014, 14 (5): 91–95.
③ 马杨, 廖和平, 刘愿理, 等. 省域文化贫困测度及空间格局研究 [J]. 西南大学学报（自然科学版）, 2020, 42 (10): 46–54.

同时研究还发现，互联网的使用有利于通过提升人们的受教育程度及认知能力来改善文化贫困程度。①

有学者从物质资源、科学技术、社会保障、行为方式等层面构建了文化贫困评价指标体系，并采用文化贫困测度模型、变异系数法、空间自相关等方法，对各地区文化贫困程度及其特点进行了测度。研究发现，2017 年我国各地区的文化贫困指数为 0.657，其文化贫困程度相对较深，其中，科学技术是文化贫困治理的重要短板，并且全国各地区的文化贫困差距较为明显，且其贫困指数呈现从东部地区向西部地区不断增加的趋势。此外，各地区按照文化贫困程度的高低在空间上呈现一定的聚集效应。②

有学者运用模糊综合评价分析方法，从农民的地区分布、学历层次、收入水平和年龄层次等角度，对农民的文化贫困特点进行了探讨。研究发现，东部地区居民因地区经济发展程度高、农民收入水平较高以及农村文化市场发展比较成熟，使得农民的文化生活相对较丰富；西部地区的农民因文化资源较为丰富、群众的文化生活较为丰富，很大程度上弥补了农民的文化消费不足；但中部地区农民的文化生活相对较为匮乏；此外，学历越高、收入水平越高，其文化生活也越丰富。③

（五）农民文化贫困的治理路径研究

有学者认为，应进一步完善基层政府部门的文化服务政策体系，加大对农村公共服务的政策支持和供给力度；破除政策体制限制，加强城乡之间的文化交融；推动与农业生产相关的科技和教育事业发展，加强对农民的教育培训，引导其吸收新思想、新观念、新知识和新技术，增强农民的综合文化素养；努力扩大农民的收入来源，不断提升农民的文化消费水平，从而更好地推动农民文化贫困问题的解决。④ 有学者认为，要推进文化扶贫，通过向文化发展落后地区输送新的文化、思想观念、价值观等，传授现代生产技术和科学技术，提

---

① 曾鸣. 互联网使用对西部农村居民文化贫困的影响［J］. 调研世界，2019（9）：49 - 55.
② 马杨，廖和平，刘愿理，等. 省域文化贫困测度及空间格局研究［J］. 西南大学学报（自然科学版），2020，42（10）：46 - 54.
③ 谈国新，文立杰，张杰，等. 文化精准扶贫的对象识别与路径选择——从"文化贫困"的逻辑前提出发［J］. 图书馆，2019（3）：1 - 6，19.
④ 王亚飞，董景荣. 新农村建设中的文化贫困问题与对策——破解"三农"问题的一种视角［J］. 农业现代化研究，2008（3）：285 - 288.

高当地居民的思想文化水平和科技素养，打破影响居民思想观念解放的各种陈旧观念、习俗和贫困文化，用现代先进的文化取代传统落后的贫困文化，重塑当地居民的文化和经济价值思维及观念，实现其思想观念的解放，是解决居民文化贫困的重要途径。①②

有学者认为，可以从以下几方面来深入推进文化扶贫，进而帮助人们解决文化贫困问题：一是加大对发展落后地区的教育支持力度；二是加大文化扶贫力度；三是注重提高文化扶贫的精准度；四是引导群众树立正确的文化价值观念；五是构建起文化扶贫的长效机制；六是完善落后地区的公共文化基础设施体系；七是加快推进落后地区的文化产业发展。③有学者认为，要注重从农村女性的主体意识觉醒、文化素养和水平提高、增强自立意识等方面来加大农村女性的文化贫困治理力度。④ 也有学者认为，应该从微观、中观和宏观等层面来进行治理。其中，在微观层面，需要创造良好的环境和条件，加强对农村女性的思想和文化教育，进一步增强农村女性的主体性意识，增强其文化自觉，推动农村女性转变落后的思想观念，形成现代的观念和意识，克服自卑、依赖等心理，推动其更好地摆脱文化贫困；在中观层面，要倡导男女平等，消除性别歧视，推动农村义务教育的发展，加强女性权益的保护；在宏观层面，完善政策和法规，充分保障女性的生存和发展权利，让农村女性能够平等参与各项事务等。⑤ 有学者认为，应该充分发挥互联网在改善农民文化贫困方面的作用，加大农村居民的互联网使用技能培训，增强农民使用互联网的能力，培育其正确的互联网认知观念和使用方法，并积极打造互联网信息交流平台，充分发挥互联网在社会沟通、文化交流、资源获取等方面的积极作用，推动农民积极融入互联网，通过互联网的使用进一步提升其认知能力和技术水平，提高农民的参与性，促进其思想观念转变，加快农民摆脱文化贫困状态。⑥

综上所述，国内学者注重文化贫困问题，并取得了一系列研究成果，为推动农民文化贫困治理研究提供了重要的理论和现实指导。但是，从现有的研究来看，国外学者对文化贫困的关注和研究相对较少，更多主要从文化或贫困文

①③ 张祝平. 我国贫困地区文化贫困因素及文化扶贫对策 [J]. 行政管理改革, 2018 (6)：60 – 65.
② 辛秋水. 注重解决农民的文化贫困问题 [J]. 中国党政干部论坛, 2006 (2)：37 – 39.
④ 李志霞, 丁丽. 对农村文化贫困女性的社会学考究 [J]. 学术交流, 2012 (8)：127 – 130.
⑤ 赵金子, 周振. 农村女性文化贫困成因及其治理——以社会生态系统理论为视角 [J]. 西北农林科技大学学报（社会科学版), 2014, 14 (5)：91 – 95.
⑥ 曾鸣. 互联网使用对西部农村居民文化贫困的影响 [J]. 调研世界, 2019 (9)：49 – 55.

化的视角探讨其对贫困的影响（Nampijja，2021；Castellanza，2020；Pitchik，2020；Milbourne，2012；Harkness，2012；Colclough，2000；Tuason，2002；Elam，2002）。同时，国内的相关研究成果仍存在一些有待研究和完善的地方，主要体现在以下几点：一是关于文化贫困的相关研究成果主要聚焦于文化贫困的整体概念，但由于文化贫困的相关研究范畴比较广泛，导致相关研究成果比较笼统，缺乏深入、细致的研究，研究深度有待增加；二是文化贫困研究的着力点仍主要聚焦于"传统人"的研究，缺乏关于"现代人"的研究，导致相关研究成果难以实现研究内容的突破和创新；三是农民文化贫困研究的成果仍未形成系统的理论体系，需要进一步加强理论研究。为此，本书首先通过对农民文化贫困的研究范畴的界定，明确农民文化贫困的研究内容和范围，为深入研究农民文化贫困问题奠定基础；其次，基于中国特色社会主义的现代化的人，对乡村振兴进程中农民的思想、观念、精神等形态的文化滞后和贫乏问题进行剖析，就如何充分发挥马克思主义的指导地位和中国共产党的领导作用进行了深入探讨，为推动农民文化贫困治理提供理论参考和现实借鉴。

四、研究重点和难点

（一）研究重点

本书的研究重点主要包括以下内容。

第一，乡村振兴进程中农民文化贫困治理的基本内涵及实践逻辑。首先，在探析文化贫困类型划分依据的基础上，进一步探讨观念文化贫困、思想文化贫困和精神文化贫困的基本内涵；其次，从体现社会主义制度的优越性、实现农民思想观念的现代化转换、全面消除农村的社会排斥现象、全面夯实农民现代化的文化基础、实现农民的自由而全面发展等层面，深入探讨乡村振兴进程中农民文化贫困治理的本质要求；最后，从发展农村先进生产力、创设良好制度环境、解放农民思想观念、培育现代化新农民、发挥农民首创精神、推动农民全面发展等层面，进一步探析乡村振兴进程中农民文化贫困治理的实践逻辑。

第二，乡村振兴进程中农民文化贫困治理的现状调查以及文化贫困形成的影响因素和治理存在的主要问题。结合问卷调查分析结果，以广西农村为例，从观念文化贫困、思想文化贫困、精神文化贫困等层面，采用定量分析法等方法，对乡村振兴进程中农民文化贫困及治理情况进行定量分析，然后进一步深入探析乡村振兴进程中农民文化贫困及治理的现实状况。同时，从乡村振兴进程中农民传统思想观念、农村经济基础、外部地理环境、思想政治教育实效、公共文化服务供给、农民内生发展能力等因素角度，深入探析乡村振兴进程中导致农民文化贫困形成的因素；从农民文化贫困治理主体合力不强，农民文化贫困治理资源整合优化不足，农民文化贫困治理方式创新不够，农民文化贫困治理机制不健全等方面，对乡村振兴进程中农民文化贫困治理存在的主要问题进行深入研究；同时，从农民文化水平的限制因素、农民信念信仰迷失因素、农村文化发展载体因素、农村文化资源支撑因素、农村文化管理体制健全因素等影响角度，深入探析乡村振兴进程中农民文化贫困治理存在问题的深层次原因。

第三，乡村振兴进程中农民文化贫困治理的主要路径。结合上文关于农民文化贫困及治理的现实状况、农民文化贫困形成的影响因素，以及农民文化贫困治理的本质要求、实践逻辑、存在的主要问题及其原因等内容，从农民文化贫困治理应坚持的基本要求，以观念的解放和革新推进农民的观念文化贫困治理，以理性思维和科学理念推进农民的思想文化贫困治理，以丰富的精神文化生活推进农民的精神文化贫困治理，将农民文化贫困治理融入乡村振兴以推动农民的现代化转型等层面，深入探析和加强农民文化贫困治理的对策建议。

（二）研究难点

本书的研究难点主要包括以下内容。

第一，如何从文化贫困的类型划分及内涵，以及农民文化贫困治理的本质要求、实践逻辑等角度，深入探析乡村振兴进程中农民文化贫困的内涵和特点，并进一步探讨农民文化贫困治理的特点和规律，为深入推动农民文化贫困及治理的理论和实践问题研究提供理论支撑，这是一个研究难点。

第二，如何结合乡村振兴进程中农民文化贫困的新特点、新变化、新问题，对乡村振兴进程中农民文化贫困及其治理的现实状况、治理存在的主要问题和原因分析等内容进行深入、系统地研究，为有针对性地提出乡村振兴进程中农民文化贫困治理的主要路径,深入推进农民向现代农民转变,更好地适应农业农村现代化发展的需要提供理论和现实指导,这是一个研究难点。

第三,如何从观念文化贫困、思想文化贫困和精神文化贫困角度,对乡村振兴进程中农民文化贫困及治理的现实状况进行调查研究,并结合调查分析结果,采用频率分析、相关性分析等方法,对乡村振兴进程中农民文化贫困及治理情况进行定量分析,进一步验证调研数据和结果的准确性、科学性和有效性。

五、研究思路和方法

(一) 研究思路

本书在对乡村振兴进程中农民文化贫困治理的相关概念、文献研究成果和理论基础等内容进行梳理的基础上,采用文本分析法与文献分析法相结合、问卷分析法和个案分析法相结合、归纳分析法和系统分析法相结合、定性分析法和定量分析法相结合等研究方法,对乡村振兴进程中农民文化贫困治理的时代依据、理论依据,以及农民文化贫困的类型划分及其内涵,农民文化贫困治理的本质要求、实践逻辑等进行研究。接着以广西农村为例,对乡村振兴进程中农民文化贫困及治理的现实状况进行调查研究,进一步探讨乡村振兴进程中农民文化贫困形成的影响因素及治理存在的主要问题和背后的原因,最后有针对性地提出乡村振兴进程中农民文化贫困治理的路径。

(二) 研究方法

(1) 文本分析法与文献分析法相结合。采用文本分析法对乡村振兴进程中农民文化贫困的类型划分及其内涵,农民文化贫困治理的本质要求、理论基础、理论借鉴等内容进行文本研究,深入探析乡村振兴进程中农民文化贫困的内涵及其治理的相关理论依据。采用文献分析法对乡村振兴进程中农民文化贫困及其治理的相关研究成果,以及农民文化贫困治理的理论基础、理论借鉴、本质要求等内容进行文献研究。

（2）问卷分析法和个案分析法相结合。通过设计调查问卷，以广西农村为例，对乡村振兴进程中农民文化贫困及治理的现实状况以及治理存在的主要问题及治理路径等进行问卷调查分析，并收集相关研究数据和资料；与此同时，以广西农村为例，采用个案分析法对乡村振兴进程中农民文化贫困及治理的现实状况以及治理存在的主要问题及原因等进行深入研究。

（3）归纳分析法和系统分析法相结合。采用归纳分析法对乡村振兴进程中农民文化贫困治理的时代依据、理论依据、本质要求和实践逻辑等内容进行研究；采用系统分析法对乡村振兴进程中农民文化贫困的类型划分及其内涵，农民文化贫困及治理的现实状况、治理存在的主要问题、原因及治理路径等进行系统研究。

（4）定性分析法和定量分析法相结合。采用定性分析法对乡村振兴进程中农民文化贫困的类型划分及其内涵，以及贫困治理的本质要求、实践逻辑和贫困治理存在的主要问题和原因，以及治理的主要路径等进行定性分析；采用定量分析法对乡村振兴进程中农民文化贫困及治理状况进行频率分析、描述性分析、信度分析、效度分析和相关性分析。

六、创 新 之 处

本书采用文本分析法、调查分析法、定性分析法、定量分析法等多种方法，对乡村振兴进程中农民文化贫困治理的理论和实践问题进行了深入研究，在研究视野和研究内容等方面具有一定的创新性，主要体现在以下方面。

（1）研究视野的创新。本书先从观念文化贫困、思想文化贫困、精神文化贫困等角度对文化贫困的内涵和范围进行了界定，然后从这三个角度深入探析了乡村振兴进程中农民文化贫困及其治理的理论和实践问题，有效补充和完善农民文化贫困和相对贫困研究的相关理论内容。

（2）研究内容的创新。本书深入探讨了乡村振兴进程中农民文化贫困在观念文化贫困、思想文化贫困和精神文化贫困等方面及其治理的现实状况，以及致贫因素及治理存在的主要问题和原因，并提出了乡村振兴进程中农民文化贫困治理的主要路径，有效拓展了农民文化贫困治理的相关理论和实践研究。

第一章　乡村振兴进程中农民文化贫困治理的时代依据和理论依据

在乡村振兴进程中，为深入实施乡村振兴战略，推进农业农村现代化，更好地满足农民对美好幸福生活的向往，实现农民自由而全面的发展，这对加快推进农民文化贫困治理提出了新要求。推动乡村文化振兴、实现农民现代化、满足农民对美好生活的需要、实现农民自由全面发展等，都是乡村振兴进程中推进农民文化贫困治理的重要时代依据。与此同时，马克思、恩格斯、列宁以及中国共产党人关于文化贫困治理的相关思想，为乡村振兴进程中农民文化贫困治理提供了重要的理论依据。

一、乡村振兴进程中农民文化贫困治理的时代依据

（一）推动乡村文化振兴的现实需要

在乡村振兴进程中，制约乡村振兴的重要因素之一就是农民的文化贫困，因此需要迫切解决这一问题。乡村在经济、社会、文化等方面的发展都不及城市的发展，一方面，城镇化的快速发展、城市要素向乡村转移、市场观念的不断冲击，使得人们的思想观念发生了诸多变化，一些农民存在认知混乱的现象；另一方面，大量青壮年劳动力进城务工，农村出现大量的留守妇女、儿童、老人，由此衍生出一系列问题，这些留守群体的心理健康问题不容忽视。与城市相比，农村地区在经济发展水平、治理水平、思想观念等方面都存在较大不足，而思想观念上的不足是目前乡村陷入文化困境的重要原因之一，因此，亟须加强农民的文化贫困治理，加强农民的思想建设，规范农民的道德行

为，改变农民落后的思想观念，以德治引导农民自我管理，解决农民的观念、思想和精神等形态的文化滞后或贫乏问题，实现人的有效治理，推动农村树立良好风气，深入推进乡村振兴。①

乡村振兴战略的深入实施，需要我们深入挖掘农耕文化中的潜在价值，结合时代要求，传承并发扬优秀的思想观念、人文精神和道德规范，焕发出乡村新气象；同时，对农民开展扶志和扶智工作，帮助农民摆脱"等、靠、要"的落后思想。乡村文化振兴作为乡村振兴的重要环节，受到各级政府的不断关注，加强农民的精神文明建设，加强文化基础设施建设，开展多样化的文化活动，不断丰富农民的精神文化生活，推动乡村文化建设不断取得新进展。然而，乡村振兴不仅包括物质方面的建设，还包括精神方面的建设，现阶段，我们仍然需要不断加强对农民的思想道德建设，通过村规民约，移风易俗，形成良好的社会风气，引导农民不断改变传统落后的思想观念，逐步向现代职业农民转变，努力实现自身的价值，如此才能更好地为推动乡村文化振兴做出积极贡献。在中国特色社会主义新时代，亟须加强对农民文化贫困治理，只有转变农民传统、落后的思想观念，彻底破除"等、靠、要"的落后思想，充分激发农民潜在的内生动力，推动农民不断提升自身的思想道德素质和文化水平，才能更好地促进农民的思想观念的现代性转化，进而实现其自由全面发展。

在乡村振兴的背景下，思想的落后最终会导致经济的落后，因此，还需要从开发农民的智力和加强文化扶贫等方面改变农村地区的文化发展落后状态。② 为此，既要扶志又要扶智，通过解放农民的思想观念，帮助农民增加生活的信心和勇气，加强思想道德建设、开展技能培训课程等活动，帮助和指导农民不断增强自我发展的能力；从扶志和扶智两方面入手，帮助农民更新观念，树立自立自强的意志，坚定农民勤劳致富的决心，加快农民融入农业农村现代化的步伐，并不断改善其生产生活条件，如此才能更好地适应乡村振兴的需要，更好地满足农民对美好生活的需要。③ 与此同时，要实现乡村振兴，推进乡村文化振兴和满足农民的精神文化需求是必由之路，因此，通过开展多样化的农村文化活动，不断挖掘乡村优秀传统文化资源，同时将优质的文化资源

---

① 赵迎芳. 乡村振兴战略下的文化精准扶贫 [J]. 西北农林科技大学学报（社会科学版），2020，20（6）：12 - 19.

② 田小典. 以文化扶贫助推乡村振兴 [N]. 承德日报，2020 - 08 - 10（05）.

③ 胡光辉. 扶贫先扶志 扶贫必扶智——谈谈如何深入推进脱贫攻坚工作 [J]. 今日海南，2017（2）：8 - 9.

引向农村，不断补齐乡村在文化建设方面的不足，转变农民的思想观念，改善农民的精神文化面貌，增强农民的文化自信，最终推进乡村文化振兴和农民的文化贫困问题解决。

（二）　实现农民现代化的必然要求

现代化是一个过程，其进程可以分为从农业社会向工业社会的转变和从工业社会向知识社会的转变等。而现阶段的现代化，更注重工业化和经济的现代化，未能充分重视人的现代化，需要从心理和行为两方面实现人由“传统人”向“现代人”转变。① 中国共产党始终将实现现代化作为奋斗目标，党的十九大报告指出，从 2020 年到 21 世纪中叶可分阶段来实现现代化，第一阶段要基本实现社会主义现代化，第二阶段要将我国建设成社会主义现代化强国。

人作为现代化建设的实践者，现代化进程的核心就是人的现代化，这承载着人的现代化的使命。没有人的现代化就没有真正的现代化，人的现代化是社会整体现代化的核心。社会整体现代化不仅包含物的现代化，也包含人的现代化；在整个社会现代化进程中，人的现代化是社会现代化的前提，人的现代化不仅是其重要的组成部分，也是影响整个社会现代化的重要一环。从人的主体性这一视角来看，实现人的现代化，包括思想观念、素质、行为、社会关系等多方面的现代转型，人的现代化的灵魂就是思想观念的现代转型；人的现代化，不仅受社会现代化进程的影响，与此同时，也对社会的现代化具有重要影响。我们需要以中华优秀传统文化为根基，解放思想，突破旧有思想观念，不断更新人的观念，完善并丰富人们的精神世界，逐步推进人的思想观念的现代化转型。②

人作为现代化建设的主体，其关键就是发挥能动性，现代化的人应该勇于接受新的思想观念、生活态度和生活方式，勇于发表自己的意见并聆听和接纳他人的不同意见；富有时间观念，注重效率；富有竞争性，对自己持有乐观态度等。现代化的人，不仅要头脑开放，而且要富有弹性；不仅敢于冒险而且注重效率，人的现代化就在于素质不断提升并逐步实现人的全面发展。③ 因此，

---

① 赵林. 为中国式现代化保驾护航 ［N］. 中国纪检监察报，2021 - 01 - 21 （05）.

② 田芝健，许益军，王萍霞，等. 现代化的核心是人的现代化 ［N］. 光明日报，2013 - 01 - 28 （07）.

③ 张彬. 法治文化建设的关键是实现人的现代化 ［N］. 吉林日报，2015 - 05 - 16 （07）.

只有在现代农民的支持和奋斗下，现代农业才能发展壮大；在小农经济时期，固有的因循守旧的思维模式使农民形成了狭隘的地缘意识，但在现代农业的环境下，农民逐步形成具有主体性、开放性和竞争性意识的现代观念，其生产生活方式从过去被动、保守逐渐向开放、多元转变。在乡村产业的发展过程中，需要将农民的主体地位进一步凸显出来，更加重视农民的现代化因素的作用，既注重在产业发展中实现经济效益，又不断推进农民的现代化，将农民的现代化与农村产业的现代化发展结合起来，塑造新型职业农民，加快推进农民的现代化转型。①

事实上，由于受文化贫困的影响，农民的现代化进程受到了较大制约，并制约着我国乡村振兴的发展进程。这是由于我国长期实行城乡二元体制，使农村的文化、卫生、科技和教育等方面的发展远落后于城镇地区，也导致农民的思想观念难以适应当前科学文化和社会发展需要以及农业农村现代化的需要。在农村地区，由于受自然环境以及传统生活方式的影响，当地信息相对比较封闭，农民的法治观念也比较淡薄，"等靠要"思想仍突出存在，市场竞争观念和市场发展意识在一些地区仍比较缺乏；由于农村地区的经济发展水平总体上都比较低，农民的思维、行为和价值观念相对比较保守，而且也容易受传统消极、落后的思想观念的影响；加上还受到父辈的思想观念的影响，致使落后的价值观念、行为习惯和思想在代际之间传递，制约着农民的思想观念的现代性转变。因此，为推动乡村振兴战略的深入实施，推动农民的现代化，更好地适应我国经济社会现代化发展的现实需要，迫切需要加大对农民文化贫困的治理力度。

（三）满足农民对美好生活需要的时代要求

党的十九大报告中指出，我国的社会主要矛盾已经发生深刻变化，已经转变为人民日益增长的美好生活需要和不平衡不充分的发展之间的矛盾。人民日益增长的需要，由先前的"物质文化需要"转为"美好生活需要"，这表明我国人民不仅对物质文化生活有了更高的追求，而且对民主、公平、法治、环境、安全等也有了更多、更高的追求。随着经济的快速发展，人民对物质和精神文化的追求不断增多，而且对物质和精神文化质量的要求也不断提高，实际

---

① 在产业现代化进程中推进人的现代化 [N]. 安康日报，2019 - 05 - 08 (01).

上，美好生活需要是坚持以人民为中心、不断实现人的全面发展的追求和需要。[①] 在中国特色社会主义新时代，需要不断实现人民对美好生活的向往，不断增强人民在经济、社会、政治、生态和文化等方面的获得感和幸福感。尤其是我国打赢脱贫攻坚战后，消除了绝对贫困，农村地区的农民对美好生活的需要提出了更高的要求，相应地，其在民主、公平、法治、环境、安全等方面也有了更多的追求，而要更好地促进农民的自由全面发展，需要更好地满足农民对美好生活需要的追求。

根据人民的需求，将人民日益增长的美好生活需要分为三个层次：第一，基本的物质性生存需要，具体指的是对饮食、起居、保暖、繁衍等的基本需求；第二，社会性需要，具体包括对社会安全、保障、公正等方面的需要；第三，由于个体心理需求而形成的对精神和文化方面的需求，具体包括价值观、民族精神、信仰、信念、道德、自我实现等。近年来，随着社会生产力的发展和人民生活水平的显著提高，人们的多元化、个性化需求不断增加。同时，随着中国特色社会主义进入新时代，人们不仅对物质性需要有了更多、更高的要求，而且对教育、社会保障、医疗卫生服务、居住条件、生活环境、精神文化等方面的追求也有了更多的期待，这是社会生产力水平不断提高的结果。因此，我们需要对农村发展不平衡不充分的问题采取有力的解决措施，不断满足农民对美好生活需要的追求，进而推动人的全面发展和社会的全面进步。[②] 与此同时，党的十九大报告提到，要尽力并量力解决好人民最关心的现实利益问题，保障人民的基本生活，不断满足人民对美好生活需要的追求，不断充实、保障人民的获得感、安全感和幸福感。因此，需要坚持以人民为中心，以人民的根本利益为出发点，以实现好、维护好和发展好人民群众的根本利益为落脚点，全面部署人民关心的收入、教育、就业、养老等工作，补齐民生短板，将人民美好生活需要同高质量发展融合起来，不断增进民生福祉，推动实现共同富裕。然而，我们要深刻认识到，由于部分农民在过去长期面临物质短缺，导致农民的奋斗意识不强，精神陷入困顿，使得农民在思想、观念和精神上的滞后或贫乏现象仍难以消除。例如，在一些农村地区，农民的"等靠要"思想、安于现状、发展动力不足、缺乏实干精神等问题仍然很多，农民落后的思想观念、薄弱的奋斗意志、贫瘠的致富理念导致农民不愿意去学习新的知识，满足

---

① 深刻把握主要矛盾变化 不断增加农民福祉 [N]. 农民日报, 2017－11－06 (01).
② 何星亮. 不断满足人民日益增长的美好生活需要 [N]. 人民日报, 2017－11－14 (07).

于当前的生活现状，不愿意去研究新的技术和寻找致富之路；与此同时，封建迷信、铺张浪费的思想和行为阻碍了农民致富的积极性、主动性和创造性①。在这些因素的共同影响下，农民落后的思想观念仍然突出，推动其思想文化素质和科学技术水平的提高仍存在较大的难度，这在一定程度上限制了农民内生动力的提升，不利于进一步提升其生活质量，也制约着其对美好生活需要的满足，不利于推进乡村振兴战略的深入实施。

与此同时，要满足农民对美好生活需要，需要坚持以人民为中心，推动实现物质生活和精神生活共同富裕。实现共同富裕是社会主义的本质要求，实现共同富裕，既包括要实现物质生活的共同富裕，也包括要实现精神生活的共同富裕；而要实现农民精神生活的共同富裕，就要彻底解决农民的文化贫困问题，从观念、思想和精神等方面消除农民的文化贫困，转变农民的思想和观念，进而推动农民的思想和观念的现代性转化，不断激发农民的内生动力，发挥农民的主体性、能动性和创造性，坚定农民对中国特色社会主义共同理想的信念，创造和提供更多的满足农民精神文化需求的文化产品和服务，使农民转变为满足现代经济社会发展需要的新型职业农民，从根本上解决农民文化贫困问题。2021年8月17日，习近平在中央财经委员会第十次会议上强调，共同富裕是物质生活和精神生活共同富裕，要促进人们在精神生活方面实现共同富裕；为实现共同富裕，要鼓励和引导人们勤劳致富、创新致富；要提高人民的受教育水平，增强其发展能力；要发挥社会主义核心价值观的引领作用，使人们各方面的精神文化需求得到有效满足。2021年7月1日，习近平在庆祝中国共产党成立100周年大会上的讲话中强调，要坚持以人民为中心，尊重人民的首创精神，推进社会公平正义，在解决发展不平衡不充分问题以及人民关心的问题的基础上，不断深入推进人的全面发展及人民共同富裕。由此可以看到，实现共同富裕是满足农民对美好生活需要的重要价值追求，需要坚持以人民为中心，提高人民的教育水平，增强农民的自我发展能力，充分发挥农民的主体地位和首创精神，切实解决农民关心的问题，如此才能为实现农民的全面发展、满足农民美好生活需要和实现共同富裕夯实基础。因此，在满足人民对美好生活需要和推进农民共同富裕的过程中，需要看到农民存在的文化贫困问题，只有深入推进农民的思想解放，增强农民的自我发展能力，充分激发农民的主体地位和首创精神，才能让农民在实现全面发展中不断满

---

① 张谦元. 以文化扶贫助推脱贫攻坚 [N]. 甘肃日报，2017 – 09 – 06 (06).

足自身的物质生活和精神生活需求，实现农民的美好生活向往。与此同时，实现共同富裕是社会主义的共同奋斗目标，是农民摆脱文化贫困、实现精神生活富裕的重要价值追求；实现共同富裕为推动农民文化贫困的解决提供强大的精神动力。共同富裕目标的实现，离不开群众的文化贫困问题的解决，只有从根本上彻底解决农民的观念文化贫困、思想文化贫困和精神文化贫困问题，才能真正实现农民精神生活的富裕，才能更好地满足农民对美好生活的需要。

（四）实现农民自由全面发展的内在要求

实现人的自由全面发展，是社会主义不懈追求和为之努力奋斗的重要目标，是人们实现自己的人生目标、价值的重要体现，只有让每个人都能够拥有和实现自由而全面发展的机会，给他们施展才能和实现自己抱负的机会，进而在为实现中国梦的奋斗过程中更好地实现自己的个人梦想，才能更好地让每个人都能够实现自由、全面的发展，这也体现了中国共产党坚持马克思主义的群众观并为人民谋幸福的初心和使命。中国共产党领导中国人民取得的伟大胜利和巨大成就，无不体现了中国共产党为实现人的自由全面发展而不懈努力和奋斗的使命和担当。2020 年，我国消除了绝对贫困，全面建成了小康社会，农村地区居民的生活质量和水平得到了较大提高。但是，我们仍要看到，尽管农民的物质生活得到了较大的改善，但是农民的精神生活需要尚未得到有效满足，还存在文化贫困现象，这是一种更深层次的、隐蔽性更强的、影响更大的文化贫困问题。如何更好地解放思想，激发农民自身的主动性、能动性和创造性，增强内生发展动力，更好地适应农业农村现代化发展的需要，这是广大农民面临的一个突出问题。全面建成小康社会以后，农民文化贫困属于一种相对贫困，例如，一些农民的思想道德观念仍然比较陈旧、落后，农民的封建迷信思想在一定程度上仍存在甚至比较浓厚，部分农民的思想观念尚未充分适应我国经济社会发展的现实需要，距离实现思想观念的现代化仍有较大的差距，需要进一步加强农民的文化贫困治理，从根本上解决农民的文化贫困问题，如此才能更好地实现农民自由而全面的发展。

马克思和恩格斯在《共产党宣言》中指出，将存在着这样一个替代资产阶级旧社会的联合体，在这里，"每个人的自由发展是一切人的自由发展的条件"。① 可见，解决每个人的文化贫困问题，让每个人都拥有实现自由全面发展的条件，既是实现全社会中全体人民自由全面发展的必然要求，也是社会主义的发展要求。人的自由发展，主要强调人摆脱自身在思想观念、价值取向、个人能力、物质条件、社会资源、文化水平等方面的限制和约束，增强自己的独立性、自主性，使自己不断向上发展和实现自己的价值和目标的一种变化过程，反映了人的发展经历了由低级到高级、由无到有、由弱到强、由单一性到多样化的发展和变化过程，并最终实现自身在各方面的全面发展；人的全面发展主要强调了人的思想道德素质、综合能力、社会地位以及所拥有资源和财富等方面内容的全面性、系统性提高、改善或发展，反映了人可以通过依托内外条件和自身努力来满足和实现自身的全面发展。② 因此，实现人的自由全面发展，要求使人从思想观念、制度和物质等约束中解放出来，使自身得到充分发展，这种发展既包括人的自由发展，使自身在发展过程中不再受思想观念、价值取向、个人能力、物质条件、社会资源、文化水平等方面的限制和约束，让自己享有更多的发展权利和机会，每个人的独立性、主体性、能动性和创造性更强；又包括人的全面发展，实现自身在经济、政治、文化等方面的整体性、系统性发展，更好地实现自己的人生价值。

在乡村振兴进程中，实现农民的自由全面发展，既是中国特色社会主义坚持以人民为中心的内在发展要求，也是实现中华民族伟大复兴的中国梦的根本要求。因此，要实现农民的自由全面发展，必然要求农民解放自己的思想观念，提升自己的思想道德素养和文化水平，树立正确的世界观、人生观和价值观，增强内生发展动力，如此才能为实现自由全面发展夯实基础和条件。由此可见，加强农民文化贫困治理，消除农民的文化贫困，是实现人的自由全面发展的内在要求；只有消除农民的文化贫困，才能在乡村振兴中更好地激发农民的内生动力，并增强其主体性、能动性和创造性，进而实现农民自由而全面的发展。

（五）推进农村治理体系和治理能力现代化的需要

2013 年 11 月 12 日，党的十八届三中全会审议并通过的《中共中央关于

---

① 马克思恩格斯选集第 1 卷 [M]. 北京：人民出版社，2012：422.
② 蒋泰维. 坚持以人为本，促进人的自由全面发展 [N]. 学习时报，2004 - 12 - 27.

全面深化改革若干重大问题的决定》提出了全面深化改革的总目标，即完善和发展中国特色社会主义制度，推进国家治理体系和治理能力现代化。2017年10月18日，党的十九大报告强调，到2035年，要基本实现国家治理体系和治理能力现代化；同时，要全面深化改革，破除各种陈旧的思想观念以及体制机制弊端，构建完善的制度体系，不断推进国家治理体系和治理能力现代化；要推进乡村振兴战略实施，构建完善的自治、法治、德治相结合的乡村治理体系；要发挥社会主义核心价值观在教育、精神文明建设等方面的引领作用，教育并引导人们积极践行社会主义核心价值观；深入推进社会公德、职业道德、家庭美德、个人品德建设。2019年10月31日，党的十九届四中全会通过了《中共中央关于坚持和完善中国特色社会主义制度 推进国家治理体系和治理能力现代化若干重大问题的决定》，强调要加强"系统治理、依法治理、综合治理、源头治理"，把制度优势转化为治理效能，加快推进国家治理体系和治理能力现代化；国家制度和国家治理体系的显著优势体现在坚持党的集中统一领导、坚持人民当家作主、坚持全面依法治国，坚持共同的理想信念、价值理念、道德观念等各方面。可以看到，推动农村治理体系和治理能力现代化是推进国家治理体系和治理能力现代化的重要组成部分，而要实现国家治理体系和治理能力现代化，离不开推进农村治理体系和治理能力现代化。因此，在乡村振兴的过程中，只有加快推动农村治理体系和治理能力现代化，推动农村地区和城镇地区的治理体系和治理能力现代化的协调发展，才能更好地推进国家治理体系和治理能力现代化，把中国特色社会主义制度的优势转化为治理效能，更好地推动社会主义现代化强国建设。

然而，要加快推进农村治理体系和治理能力现代化，离不开农民的积极参与，要让农民成为推进农村治理体系和治理能力现代化的积极参与者、共建者和成果共享者，要让农民在参与农村共建共治共享中更好地满足自身的物质文化和精神文化需求，进而实现自身的自由全面、可持续发展，如此才能让农民更好地参与到乡村治理中来，并加快推动农村治理体系和治理能力现代化。与此同时，推进农村治理体系和治理能力现代化，需要以马克思主义为指导，坚持以人民为中心的发展理念，以社会主义核心价值观为引领，推动农民在共建共治共享中更好地参与到乡村治理中来，并推动构建和完善自治、法治、德治"三治"相结合的乡村治理体系。为此，要推进农村治理体系和治理能力现代化，就要维护和保障广大农民的根本利益，解放农民的思想观念，切实增强农民参与乡村治理的能动性、主动性和创造性，让农民成为乡村治理的参与者、共建者和成果共享者。因此，这就要切实解决农民的文化贫困问题，加大对农民文化贫困的治理力度，构建完善的文化贫困治理机制和治理体系，让农民在共建共治共享中更好地发挥自身的积极性、主动性和能动性，不断增强农民的自我发展能力，推动农民在参与乡村治理中更好地实现自由而全面的发展，进而加快推动农村治理体系和治理能力现代化进程。

二、乡村振兴进程中农民文化贫困治理的理论依据

（一）马克思恩格斯的相关理论

1. 关于摆脱贫困

马克思、恩格斯关于贫困形成及摆脱贫困的相关论述，对如何激发农民的主动性和创造性，推动农民摆脱文化贫困，实现自由而全面发展具有重要的理论和现实指导作用。马克思、恩格斯认为，消灭资本主义剥削制度是消除贫困，实现人的解放的根本出路。马克思、恩格斯指出，"劳动能力表示绝对贫困，即物的财富被全部剥夺。"[1] "工人本身，按其概念是贫民，是这种单独存在的、与物的条件相脱离的能力的化身和承担者。"[2] 马克思、恩格斯认为，资本主义私有制是工人贫困的重要根源，资本主义剥削制度导致工人通过自身的生产劳动所能获得报酬比较微薄，而资本家通过占有生产资料而获得剩余价值，并出现了贫富两极分化，出现了劳动异化的现象，工人成为资本家剥削和奴役的对象，且在经济上始终处于贫困的地位，同时也加重了工人依附于资本家生存的状况和贫困的状况，难以满足自身及家庭的物质生活需要，在资本主义制度下并不能实现自身自由而全面的发展。可见，资本主义社会存在的工人贫困问题，是资本主义制度下资本家剥削和压榨的结果。因此，只有推翻资本主义制度，从根本上消灭资本主义剥削制度，改变工人被剥削的状况，才能让工人从资本主义剥削制度中解放出来，进而消除贫困，实现农民独立自由和全

---

[1] 马克思恩格斯全集第 47 卷 [M]. 北京：人民出版社，1979：193.
[2] 马克思恩格斯全集第 47 卷 [M]. 北京：人民出版社，1979：39.

面发展。①② 在马克思看来，劳动者虽然创造了财富，但是劳动者与其劳动产品已经异化，工人的劳动已经沦为一种外在的、异化的且不能由其自由支配的劳动，由此，工人创造的财富越多，其失去的价值就越多，其也就越贫困。③由于工人的劳动成果和劳动过程与工人自身相对立、相异化，工人的贫困化成为一种必然趋势，这也是工人生产劳动及生产财富的必然结果。④ 随着资本主义的发展及资本家的财富积累，劳动者的贫困、劳动折磨和受奴役的情况也在不断加剧，但这也决定了资本主义积累的暂时性及其被超越的趋势。⑤ 恩格斯在《〈英国工人阶级状况〉美国版附录》中通过对英国工人阶级状况进行分析，指出了工人阶级所处的悲惨境况，不应该到小的弊端中去寻找原因，而应该到资本主义制度本身去寻找原因。⑥ 因此，只有推翻资本主义制度，才能从根本上消除工人阶级的贫困问题。

马克思认为，"劳动能力表现为绝对的贫困，因为整个物质财富世界以及物质财富的一般形式即交换价值，都作为别人的商品和别人的货币与它相对立"⑦。反映了劳动者并不掌握生产资料，而资本主义生产方式是造成劳动者和生产资料相分离的重要原因。在资本主义社会中，资本家掌握了生产资料，而劳动者缺乏生产资料，劳动者只能依靠出卖自己的劳动来被迫获取所需要的生活资料，也只有这样才能维持自身的生存，而资本家则最大限度地占有劳动者所创造的剩余价值，最终造成劳动者的贫困，造成劳动者和劳动对象、劳动工具的分离，劳动者所拥有的劳动能力也失去了其实践意义，其并不能为劳动者自身创造价值，也使得劳动者成为资本家的附庸。⑧ "无产阶级执行着雇佣劳动由于为别人生产财富、为自己生产贫困而给自己做出的判决，同样，它也

---

① 连鑫. 习近平精准扶贫思想研究 [D]. 太原：山西农业大学学位论文，2018：5 - 6.
② 何婷. 习近平精准扶贫思想在四川巴中市的实践研究 [D]. 南宁：广西师范学院学位论文，2018：8 - 9.
③ 周树智. 马克思主义探原：马克思《1844 年经济学哲学手稿》[M]. 西安：陕西人民出版社，2011：141.
④ 周树智. 马克思主义探原：马克思《1844 年经济学哲学手稿》[M]. 西安：陕西人民出版社，2011：205.
⑤ 周树智. 马克思主义探原：马克思《1844 年经济学哲学手稿》[M]. 西安：陕西人民出版社，2011：177.
⑥ 马克思恩格斯全集第 28 卷 [M]. 北京：人民出版社，2018：370.
⑦ 马克思恩格斯全集第 47 卷 [M]. 北京：人民出版社，1979：38.
⑧ 于克斌. 马克思无产阶级贫困理论及新时代的启示研究 [D]. 喀什：喀什大学学位论文，2020：18 - 33.

执行着私有财产由于产生无产阶级而给自己做出的判决。"① 在有产阶级和无产阶级的对立中，私有者、无产者分别是保守者、破坏者，而当私有者采取行动保持对立时，无产者则采取行动消除对立；无产阶级"只有消灭自己本身和自己的对立面才能获得胜利"，此时，无产阶级本身及其对立面——私有财产才会消失，才能为无产阶级摆脱被奴役的地位，摆脱贫困，创造有利的条件。②

马克思在《笔记本 I》中的《工资》中指出，工人的工资取决于资本家、工人之间的斗争状况，但是胜利将属于资本家，因为相比较而言，在没有对方的情况下，资本家的生存时间将比工人更长久。工人的收入，只有劳动所得，没有地租和资本利息的收入，因此，工人之间的竞争是激烈的。在此情况下，资本、地产和劳动相互分离，对工人来说是有害的分离，甚至是致命的，因为工人所获得的"最低的和唯一必要的工资额"，就是其在劳动期间的生活费用与能够养家糊口的费用之和，也是其维持存在状态的最低工资。③ 与此同时，马克思指出，工人要为其生存而苦恼，并列举了三种状态来分析工人面临的不利状况：当社会财富处于衰落状态时，由于工人阶级并没有像所有者阶级一样获得那么多的好处，没有一个阶级会像工人阶级这样遭受如此深重的灾难，所以工人所遭受的痛苦和灾难也将是最大的，其遭受的沉重灾难也是受到其所处的工人地位影响，而其所遭受的一般压迫是受其社会状况所影响的，工人的贫困也在不断加剧。当社会财富增加时，虽然这对工人来说是唯一有利的状态，对工人的需求也超过其供给，但是随着工资的增加，工人挣钱的欲望也将驱使其从事奴隶劳动，甚至不惜牺牲自己的时间、自由和寿命，最终导致工人过度劳动；随着分工的扩大和资本的积累，工人越来越依赖于"一定的、极其片面的、机器般的劳动"，工人在精神上、肉体上也将被贬低为机器，受制于资本和富人，同时工人生产的劳动产品也将作为异己的东西与其相对立，机器也将作为竞争者与工人相对抗。在社会财富的增长状态中，贫困呈现出错综复杂的形式，工人所遭受的毁灭和贫困是其劳动和生产财富的产物，即"贫困从现代劳动本身的本质中产生出来"；而在财富"达到完满的状态"时，贫困将保持不变。④

随着机器作为劳动生产资料的出现，机器成为工人的竞争者，因机器使用

①② 马克思恩格斯文集第 1 卷［M］. 北京：人民出版社，2009：261.
③ 马克思恩格斯文集第 1 卷［M］. 北京：人民出版社，2009：115 – 116.
④ 马克思恩格斯文集第 1 卷［M］. 北京：人民出版社，2009：119 – 124.

而失业的工人与资本家的资本增值之间呈正比例关系。当资本主义生产体系的分工受到机器的操纵影响时，一部分劳动力就会失去其交换价值，并导致工人阶级产生过剩人口；另一部分劳动力也会因为劳动力过剩而使劳动力价格降至其价值以下。马克思认为，在同一生产领域，当机器与工人阶级竞争时，机器给工人带来的将是"慢性的贫困"，而在机器完全占据的地方，其影响也将是"广泛的和急性的"，造成的破坏性更大、更可怕。与此同时，一旦机器生产占据新的领域，也将给工人阶级带来长期的不利影响。随着机器生产水平的提高，资本主义生产条件和劳动产品与工人之间的对立也更突出，机器生产给工人造成的贫困也将进一步加剧和持久，甚至成了资本家镇压工人暴动和罢工的武器。① 因此，在马克思、恩格斯看来，只有依靠广大无产者联合起来推翻资本主义制度，发挥人民群众的主体性、创造性作用，才能从根本上摆脱人民群众被剥削、被奴役的地位，才能摆脱贫困。②

2. 关于人的解放

马克思、恩格斯从生产力与生产关系相适应的角度指出，要实现人的解放和自由而全面发展，离不开生产力的发展，以及离不开与生产力发展相适应的生产关系的变革。1859 年 1 月，马克思在《〈政治经济学批判〉序言》中指出，人们在生活和交往过程中产生了一定的、必然的生产关系，这种关系的发生不以他们的意志为转移，而是与生产力的发展相适应；这种生产关系构成了社会的经济结构，包含了法律的、政治的上层建筑及其相适应的社会意识形态等内容，而且人们物质生活的生产方式对其社会、政治和精神等形式的生活过程存在制约作用。马克思还强调，人们的社会存在对其意识具有决定作用，当物质生产力的发展水平提升到一定程度，将与其现存的生产关系或财产关系产生矛盾，此时，这些生产关系和财产关系将成为生产力发展的桎梏，社会革命也将会来临。当社会的经济基础发生变化，社会庞大的上层建筑也会随之发生变革。当然，需要将两种变革区分开来，一种是经济方面的物质的，且可以通过精确性明确的变革；另一种是人们克服社会冲突和变革的法律的、政治的、宗教的、艺术的、哲学的等方面的意识形态的形式。马克思强调，在一种

---

① 马克思恩格斯全集第 23 卷 [M]. 北京：人民出版社，1972：471 – 477.
② 辛远，韩广富. 习近平贫困治理重要论述的理论渊源 [J]. 重庆交通大学学报（社会科学版），2020，20（5）：1 – 8.

社会形态所容纳的生产力都发挥出来之前，该社会形态是不会灭亡的；而更高的生产关系在其物质存在条件成熟之前，也是不会出现的。因此，人类只能提出那些物质条件已具备或处于生成过程中的自己能解决的任务。① 马克思和恩格斯在《德意志意识形态》中指出，"一切历史冲突都根源于生产力和交往形式之间的矛盾"，并且这种矛盾不一定非要等其发展到极其尖锐的时候才会暴发，如在国际交往中与发达国家之间所形成的竞争，都可能会导致工业不发达的国家产生相类似的竞争。② 生产力的发展是"绝对必需的实际前提"，既是因为如果没有生产力的发展，就会导致"贫穷、极端贫困的普遍化"的发生，且在极端贫困的状况下，工人阶级又得重新开展争取必需品的斗争，将会导致各种陈腐污浊的东西出现；又是因为只有随着生产力的发展，人们才能建立各种联系。③ 马克思和恩格斯指出，共产主义将消除旧的分工形成的各种限制，让每个人都能实现自由而全面的发展，届时，每个人可以摆脱各种民族和地域的限制，最终在世界历史的发展进程中实现真正的解放。④

马克思强调人民群众是历史的创造者，突出强调了人的主体地位的重要性以及要充分发挥人民群众的主体性、创造性，尤其是在资本主义社会当中，工人阶级与其劳动过程、劳动成果已经相异化，而劳动的异化又进一步加剧了工人阶级的贫困，此时，工人阶级的主动性和创造性被资产阶级的压榨和奴役无情地压制着，要发挥人民群众的主体性，在当时的资本主义制度背景下，只有消灭和推翻资本主义制度后，才可能让工人阶级在资产阶级的剥削中进一步解放出来，才可能让工人阶级的主体性、创造性得到发挥，才能更好地开展反贫困。⑤ 马克思认为，实践是人们改造世界的物质性活动，是人的本质力量的对象化过程，因此，开展实践性活动，需要遵循客观规律、能动地改造世界，并且人的主体性发挥需要依托客体才能实现，主体和客体在实践中相统一，尤其是随着社会生产力水平的提高，人的主体性也在不断增强，需要尊重人的主体地位，按照客观规律改造自然，如此才能更好地促进主体和客体的统一，才能

① 马克思恩格斯文集第2卷 [M].北京：人民出版社，2009：591-592.
② 马克思恩格斯选集第1卷 [M].北京：人民出版社，2012：195-196.
③ 马克思恩格斯选集第1卷 [M].北京：人民出版社，2012：166.
④ 马克思恩格斯选集第1卷 [M].北京：人民出版社，2012：887.
⑤ 张菊香.习近平脱贫攻坚战略思想对马克思恩格斯反贫困思想的时代创新探析 [J].思想理论教育导刊，2017（11）：42-46.

充分发挥人民群众的主体性。①

（二）列宁的相关理论

1. 关于摆脱贫困

列宁对关于农民遭受资本主义、农奴制残余的压迫和剥削而导致生活贫困的问题进行了论述，认为要消除农奴制残余和等级不平等，建立社会主义制度，才能让农民摆脱被压迫和被剥削的命运。19 世纪 80 年代末，虽然俄国已成为资本主义国家，但是沙皇专制制度仍然保留着，农奴制残余仍然存在，俄国的经济社会发展还比较缓慢，此时工人阶级和资本家之间的对立也日趋强烈。同时，农村村社解体后，农村的阶级分化也比较严重，农民遭受着资本主义、农奴制残余的双重剥削。② 1901 年 2 月下旬，列宁在《工人政党和农民》中指出，改革后的 40 年，出现了"农民分化"的过程，即"农民缓慢地痛苦地死亡"的过程，农民生活贫困，过着一贫如洗的生活，他们与牲畜一起居住，穿着破旧的衣服，吃野菜，他们愿意离开和倒卖自己的份地，他们经常挨饿，连年歉收，很多人死于饥饿和瘟疫，当时"农村的情形也是这样"，而解决的办法就是只有小农积极参加工人运动，建立社会主义制度，把资本主义的土地以及工厂、机器等生产资料收归为公有财产，如此才能让他们摆脱资本主义的压迫；同时，农民既受资本的压迫，又受地主和农奴制残余的压迫，且后一种的压迫更严重，这些桎梏导致了农民的生活极度贫困，"农民极端贫困、愚昧、无权和受鄙视"，为此，要"把阶级斗争引进农村"；并且，消除农奴制残余，消除一切等级不平等以及"平民"受鄙视等问题，具有全国性的意义，这是一个"想做争取自由的先进战士的政党"所不能回避的问题。③

1912 年 11 月 30 日，列宁在《资本主义社会的贫困化》中指出，随着食品、衣服、燃料和住房费用的上涨，"工人的贫困化是绝对的"，工人变得更加贫穷，生活和吃住都很差，更多的人只能居住在地窖等地方；同时，随着社会富裕阶级财富的不断增加，工人的财富在社会收入中所占的比重不断缩小，

---

① 王雪梅. 新时代中国贫困地区文化扶贫问题研究 [D]. 兰州：兰州理工大学学位论文，2019：16.

② 列宁选集第 1 卷 [M]. 北京：人民出版社，2012：1.

③ 列宁全集第 4 卷 [M]. 北京：人民出版社，2013：380 – 382.

"工人的相对贫困化"更为明显,工人日益贫困化。① 在第一次世界大战中,沙皇俄国在战争中屡遭失败,其整体实力不断减弱,1917 年初爆发的罢工运动逐渐发展壮大并转变为武装起义,1917 年 2 月 27 日,革命进一步向全国扩展,俄国沙皇专制制度也开始瓦解。② 1917 年 11 月 18 日,列宁在《工人同被剥削劳动农民的联盟》中指出,雇佣工人和被剥削的劳动农民之间的联盟可以是"真诚的联合",因为两者之间的利益并无相悖,而社会主义完全可以实现这两者的利益,也只有社会主义才能够实现其利益。③

1920 年秋,苏维埃俄国结束了三年的战争,进入国民经济恢复和社会主义建设的探索时期,但由于当时的粮食和原料极其匮乏,工人的生活无法得到保障,农民也处于贫困的状态,国内的政治和经济形势都比较严峻。④ 在当时的背景下,列宁深刻认识到当时的政策已不适合新时期的发展需要,需要调整发展思路,制定新的方针和政策。为此,列宁进行了新的探索,提出了新经济政策,要用粮食税替换余粮收集制,推动生产力和商品经济的发展,为向社会主义过渡奠定坚实的基础。⑤ 1920 年 12 月 21 日,列宁在《在俄共(布)党团会议上关于租让问题的报告》中明确指出,工人和农民的经济生活都很困难,这是不容置疑的,需要改善他们的生活。⑥ 1920 年 12 月 22 日,列宁在《全俄中央执行委员会和人民委员会关于对外对内政策的报告》中指出,尽管粮食征购的困难重重,但还是完成了粮食征购的任务,才能保障国民经济的恢复,但是这些成就的取得是以农民遭受困苦、饥饿等威胁为代价的,甚至面临的困难可能还要增加。⑦ 1921 年 10 月 17 日,列宁在谈到是资本家还是苏维埃政权在新经济政策的实施中将取得胜利的问题时,他指出,人民生活的改善是无产阶级国家政权在经济上的重要依靠,虽然苏维埃俄国面临着类似饥荒的严重灾难,但是在此情况下,人民的生活仍有所改善,这正是新经济政策实施的结果,这是无可争辩的事实。⑧ 新经济政策的实施,应当基于农民的个人利益,将农民的个人利益与经济政策结合起来;同时,国民经济的发展也要建立在与

---

① 列宁专题文集 论资本主义 [M]. 北京:人民出版社,2009:239 - 240.
② 列宁选集第 3 卷 [M]. 北京:人民出版社,2012:1.
③ 列宁选集第 3 卷 [M]. 北京:人民出版社,2012:360.
④ 列宁选集第 4 卷 [M]. 北京:人民出版社,2012:1.
⑤ 列宁选集第 4 卷 [M]. 北京:人民出版社,2012:1 - 2.
⑥ 列宁全集第 42 卷 [M]. 北京:人民出版社,2017:144.
⑦ 列宁全集第 42 卷 [M]. 北京:人民出版社,2017:150 - 151.
⑧ 列宁选集第 4 卷 [M]. 北京:人民出版社,2012:577.

个人利益结合的基础上。① 1921 年 12 月 23 日，列宁在全俄中央执行委员会和人民委员会关于共和国的对内和对外政策的工作报告中指出，当时实施新经济政策是由于"我国贫困，经济遭到破坏，我们的大工业伤了元气"，并通过事例说明，虽然面对各种困难和错误，但事业是不断向前发展的。② 列宁还指出，1921 年发生的饥荒让我们遭受了巨大的困难，只有在新的大工业和电气化的基础上恢复生产力，才能摆脱贫困和饥荒。③

2. 关于劳动群众的文化教育

列宁非常重视劳动群众的文化教育，强调要提高工人和农民的文化水平，要用共产主义精神教育劳动群众。1907 年 2 月 5 日，列宁在《卡·马克思致路·库格曼书信集俄译本序言》中指出，俄国知识分子中的马克思主义者应该学习马克思对革命的信心，学习马克思号召工人阶级并把工人阶级的革命任务坚持到底的本领和能力，学习马克思坚韧不拔的革命精神。④ 列宁强调，马克思最重视人民群众的历史主动性，俄国社会民主党人应该从马克思身上学习俄国工人和农民 1905 年 10 月和 12 月所展现出来的历史主动性。⑤ 1919 年 2 月，列宁起草的《俄共（布）纲领草案》提出了国民教育方面的任务，要把学校转变为摧毁资产阶级统治以及消灭社会阶级划分的工具，学校应当传播无产阶级的思想、组织、教育等内容，当前最迫切的任务是：一是提高工人和劳动农民的教育主动性；二是把全体教师彻底争取过来，确保学校能够认真地贯彻共产主义的原则（政策）；三是对 16 岁以下的儿童实行免费的义务教育。⑥ 在经济方面，该草案强调，苏维埃政权要强化劳动群众的纪律，要注重增强他们的工作主动性和责任心，这是彻底战胜和改变资本主义以及生产资料私有制的统治旧习惯的重要且唯一的办法，这就需要耐心地、持续地教育人民群众，实际上，也在通过工人和农民的实际经验在进行着，例如通过推动劳动者工会组织的发展，把劳动者联合到产业工会中来。⑦ 在土地问题方面，该草案强调，城乡对立是导致农村经济和文化落后的重要原因，

---

① 列宁选集第 4 卷［M］. 北京：人民出版社，2012：581 – 582.
② 列宁全集第 42 卷［M］. 北京：人民出版社，2017：348.
③ 列宁全集第 42 卷［M］. 北京：人民出版社，2017：349.
④ 列宁选集第 1 卷［M］. 北京：人民出版社，2012：703.
⑤ 列宁选集第 1 卷［M］. 北京：人民出版社，2012：705.
⑥ 列宁选集第 3 卷［M］. 北京：人民出版社，2012：744.
⑦ 列宁选集第 3 卷［M］. 北京：人民出版社，2012：747.

这种对立已经导致城市和乡村存在着衰退和灭亡的危险。因此，消灭这种对立是共产主义建设的任务，同时也要吸收产业工人参加农业建设、增加"工人协助委员会"活动等；把农村无产者和半无产者组织起来，建立农村党支部、贫苦农民委员会、农村无产者和半无产者的特种工会等机构和组织，使其摆脱农村资产阶级等剥削阶级的影响；反对富农的剥削；有计划地吸收中农参加社会主义建设，让中农融入工人阶级中来，通过思想教育来改变其落后性，在利益上同其达成一致，在社会主义改造上向其让步。① 1920 年 11 月 3 日，列宁在全俄省、县国民教育局政治教育委员会工作会议上的讲话中指出，教育工作者和共产党的基本任务是要教育和培养人民群众克服和改变旧制度形成并遗留下来的根深蒂固的旧习惯、旧风气；② 劳动群众要改变和战胜知识分子的旧习气，改造自己，否则将无法着手去建设共产主义事业。③ 要培养一支新的跟党和党的思想保持紧密联系并贯彻党的思想和精神的教育大军，把劳动群众紧密团结在党的周围，用共产主义精神教育广大劳动群众。④ 1921 年 10 月 17 日，列宁在《新经济政策和政治教育委员会的任务》中指出，提高文化水平成为俄共（布）当时最紧迫的任务，不得已成立扫除文盲特设委员会的事实已经说明我们是"半野蛮人"，而不是"半野蛮人"的国家为扫除文盲特设委员会的成立而感到羞耻，而人们在学校首先要学习识字，如果识字的任务都没有完成，也就无从谈起新经济政策了。同时，仅扫除文盲还不行，光识字还无济于事，还需要让每个人具有读写的本领，有报纸、小册子等书刊可读，能够运用他们的本领来经营和改善国家的状况，大力提高他们的文化水平。⑤ 与此同时，列宁在谈及政治教育委员会的任务时强调，文盲是政治教育委员会的"第二大敌人"，只要还存在文盲，就谈不上政治教育，"文盲是处在政治之外的"，需要教群众先识字，不识字就会有流言蜚语、谎话偏见等问题，要不断提高工农群众的文化水平。⑥ 1922 年 3 月 18 日，列宁在伊·伊·斯捷潘诺夫《俄罗斯联邦电气化与世界经济的过渡阶段》一书的序言中指出，"我们是贫困的和文化落后的人"，但是这没有关系，工人和农民要意识到必

---

① 列宁选集第 3 卷 [M]. 北京：人民出版社，2012：751.
② 列宁选集第 4 卷 [M]. 北京：人民出版社，2012：303.
③ 列宁选集第 4 卷 [M]. 北京：人民出版社，2012：304.
④ 列宁选集第 4 卷 [M]. 北京：人民出版社，2012：305.
⑤ 列宁论新经济政策 [M]. 北京：人民出版社，2020：122 - 123.
⑥ 列宁全集第 42 卷 [M]. 北京：人民出版社，2017：209 - 210.

须加强学习，这是为了更好地改善工人和农民自身的生活，而不是为了让地主和资本家获利。① 列宁在 1922 年 3 月 21～26 日《俄共（布）中央委员会政治报告》提纲中指出，要填平"物质贫困及文化贫困之间的脱节（鸿沟）。"② 要抓住"链条"的"环节"的关键，即"具有世界历史意义的重大任务与物质贫困、文化贫困之间的脱节"；③ 列宁还强调，"提出的任务之大不仅与物质贫困，而且与文化贫困之间的脱节"是"链条的环节"的关键。④ 1922 年 10 月 31 日，列宁在第九届全俄中央执行委员会第四次常会上的讲话中指出，与资本家组织起来的资本主义同盟相比较，工人阶级"文化水平最低，生产力最不发达，工作的本领最差"，但是我们要直率地承认这一点，因为正是我们意识到了这些问题，所以我们将花费的力量也更多，也将以他们想象不到的速度赶超他们。⑤ 由于"工人的文化水平很低"，需要经过和学习很多年，才能把工人的文化水平提到更高的水平。⑥ 1923 年 1 月 2 日，列宁在《日记摘录》中指出，无产阶级的文化状况是很差的，距离人民普遍识字还有很大的距离，甚至与沙皇时期相比，这个进步也很慢，需要做很多的工作才能达到普通西欧国家的水平，为此，应当削减其他部门的经费转用于教育人民委员会，首先满足初级国民教育的预算需要，提高国民教师的地位，加强国民教师的工作使其成为"苏维埃制度的支柱"。⑦ 1923 年 1 月 4 日和 6 日，列宁在《论合作社》中指出，在国内经济关系方面，当前的工作重心在于文化主义，面临着两个具有划时代的任务：第一个任务是对从旧时代接收过来的国家机关进行改造，五年来在斗争中还未来得及加以改造；第二个任务是在农民中开展文化工作，在经济目的层面来讲就是合作化，而完全合作化就包含了农民的文化水平提升问题，需要进行一场文化变革。⑧ 列宁还指出，当时的政治和社会变革，成为文化变革的先导，但是要实现文化变革是异常困难的，因为我们在文化方面是文盲，在物质方面又缺乏相当的物质基础及先进的物质生产条件，这些因素都制

---

① 列宁全集第 42 卷［M］. 北京：人民出版社，2017：51.
② 列宁全集第 43 卷［M］. 北京：人民出版社，2017：400.
③ 列宁全集第 43 卷［M］. 北京：人民出版社，2017：404.
④ 列宁全集第 43 卷［M］. 北京：人民出版社，2017：408.
⑤ 列宁全集第 43 卷［M］. 北京：人民出版社，2017：248.
⑥ 列宁全集第 43 卷［M］. 北京：人民出版社，2017：250.
⑦ 列宁全集第 43 卷［M］. 北京：人民出版社，2017：360－364.
⑧ 列宁选集第 4 卷［M］. 北京：人民出版社，2012：773.

约着文化的变革。① 列宁的相关论述，对当前我国如何提升农民的文化水平具有重要的指导意义。

（三）中国共产党人的相关理论

1. 毛泽东关于精神文化的相关理论

毛泽东高度重视群众的思想和观念问题的解决，强调要反对国外的腐朽思想，阻止谬误、丑恶等事物与人们见面；强调要反对主观主义，要坚持从客观实际出发，在实践中认识和掌握客观真理；要发挥文化教育和政治思想等精神层面力量的作用；要教育和引导群众学习马克思主义的立场、观点和方法；要通过民主、讨论、批评、说服教育等方法来解决思想问题，要发展经济和提高人民的文化水平；等等。毛泽东关于精神文化的相关论述，对提升我国农民的思想道德素质和文化水平发挥了重要的指导作用。

1956 年 4 月 25 日，毛泽东在中共中央政治局扩大会议上作了《论十大关系》的讲话，该篇讲话以苏联经验为鉴戒，对中国的经验进行了总结，强调调动一切积极因素为社会主义事业服务，对我国社会主义道路进行了初步探索。毛泽东在《论十大关系》中强调，要坚决抵制、批判和反对国外资产阶级的所有的腐败的思想、制度及工作、生活作风。② 1957 年 1 月 27 日，毛泽东在省市自治区党委书记会议上的讲话中强调，真理、美、善，都是分别与谬误、丑、恶的相互斗争和比较中发展起来的，应当阻止人们与谬误、丑恶等敌对的事物见面和接触，如果人们与敌对的事物见面和接触，这将是危险的政策，并可能导致人们的思想出现衰退。③ 1957 年 12 月至 1960 年 2 月，毛泽东为了让各级领导干部更好地了解和认识马克思主义基本理论，及时认识并纠正一些错误倾向，毛泽东给各级党委委员写信，提出让大家读苏联《政治经济学教科书》。毛泽东在讲苏联《政治经济学教科书》中关于社会主义建设的问题时强调，提高劳动生产率需要依靠物质技术、文化教育、思想政治工作三者的作用，其中，文化教育和政治思想属于精神方面的作用。④ 1957 年 2 月 27 日，

---

① 列宁论新经济政策 [M]．北京：人民出版社，2020：267.
② 毛泽东文集第 7 卷 [M]．北京：人民出版社，1999：43.
③ 毛泽东文集第 7 卷 [M]．北京：人民出版社，1999：192 – 193.
④ 毛泽东文集第 8 卷 [M]．北京：人民出版社，1999：124 – 125.

毛泽东在最高国务会议第十一次（扩大）会议上做了《关于正确处理人民内部矛盾的问题》的讲话，当时我国社会主义改造已经基本完成，该篇讲话指出我国在革命时期的阶级斗争已经基本结束，因此，正确处理人民内部矛盾成为当时一个政治生活主题被提出来。毛泽东在讲话中指出，人们内部的思想问题，不能用强制的方法来解决，不能通过行政命令去强制、压服人们放弃唯心主义，相信马克思主义，否则不仅无效力而且有害；只能通过民主、讨论、批评、说服教育等方法来解决人们内部的思想问题。①

1956 年 8 月 30 日，毛泽东在中国共产党第八次全国代表大会预备会议第一次会议上做了讲话，当时中国共产党第八次全国代表大会将于 1956 年 9 月 15 日至 27 日举行，并分析我国社会主义改造基本完成之后的形势，进一步提出全面开展社会主义建设的任务。毛泽东在预备会议上指出，犯主观主义的错误，主要是由于主观主义不是从客观实际和现实可能性出发，而是从人的主观意愿出发；我们要批评、反对和打击主观主义，要坚持加强调查研究和从实际出发，坚持将马克思主义同中国的具体实践结合起来。② 1963 年 5 月，毛泽东在审阅《中共中央关于目前农村工作中若干问题的决定（草案）》时指出"人的正确思想是从哪里来的？"的问题，他强调，人的正确思想是从社会实践中得来的，并且只能是从"生产斗争""阶级斗争"和"科学实验"这三者之中得来的，当群众能够掌握先进阶级的正确思想，这些思想就会转变成群众改造社会和世界的重要物质力量；一个正确的思想和认识，需要经历从物质到精神，再从精神到物质，即从实践到认识，再从认识到实践的反复认识过程；应该加强我们同志对马克思主义认识论的教育，进一步端正同志们的思想，并加强调查研究和实践经验的总结。③ 1963 年至 1965 年，毛泽东在谈到学习马克思主义的认识论和辩证法中强调："一些同志不懂得马克思主义的认识论，其世界观、方法论仍然属于资产阶级及其思想的残余，其经常以唯心主义来替代唯物主义，并采用形而上学来替代辩证法，这必将导致其调查研究无法做好，我们同志应学习马克思主义的认识论，同时也应让广大群众学习马克思主义的认识论并使之为广大群众所掌握，使之成为群众所掌握的武器；要深入群众，从中学得知识，然后制定具体的政策，之后再去教育群众；要从群众中来，到

---

① 毛泽东文集第 7 卷 [M]. 北京：人民出版社，1999：209.
② 毛泽东文集第 7 卷 [M]. 北京：人民出版社，1999：89 - 90.
③ 毛泽东文集第 8 卷 [M]. 北京：人民出版社，1999：320 - 322.

群众中去，在实践中认识和掌握客观真理，然后再到实践中去检验真理的正确性，如果理论不正确，需要重新去向群众请教。"①

1960 年 10 月 22 日，美国记者斯诺到中国访问，毛泽东会见了斯诺，毛泽东在同斯诺的谈话中指出，我国目前的情况是"一穷二白"，其中，"穷"是指居民的生活水平低下，这主要是由于国家的生产力发展水平低下所致；"白"是指我国的文盲现象还没有完全消除，不仅涉及群众的识字问题，还涉及群众的文化水平提高的问题。② 1959 年 6 月 21 日，毛泽东在与秘鲁议员团的谈话中指出，由于中国还不是经济发达的国家，工业、农业的发展水平总体上仍然不高，还有很多人是文盲；我国目前正在发展经济和提高人民的文化水平，但是这个工作才刚开始做，要推动现代工业、农业和文化教育的发展，还需要经过一个比较长的发展过程；面对经济建设中出现的新问题，"要老老实实学习"，不能粗心大意。③

总之，毛泽东根据当时中国人民群众的思想道德素质和文化水平的实际情况，提出了一些对农民文化贫困治理有指导作用的独到性思想和观点，对提高人民群众的文化水平和推动当时的社会主义文化建设发挥了重要的作用。

2. 邓小平关于精神文明的相关理论

邓小平高度重视人民群众的思想解放和文化水平的提升，为推进人民群众的思想解放提出了许多重要的观点，这些观点至今仍发挥着重要的指导作用。要用优秀的作品、精彩的演讲等来教育和引导群众；要反对精神污染，反对资产阶级腐朽没落的思想；要加快物质文明和精神文明的建设来提高人民群众的生活水平、文化水平，要坚持两手抓，两手都要硬。

1980 年 5 月 31 日，邓小平同中央负责工作人员谈论关于农村政策问题时强调，在农村工作遇到了一些问题，其中主要的问题还是群众的思想还不够解放，既表现在集体化的组织形式发展方面，又表现在不能够因地制宜发展生产。④ 1987 年 6 月 20 日，邓小平在会见南斯拉夫共产主义者同盟中央主席团委员科罗舍茨时强调，如果农民没有摆脱贫困，国家就没有摆脱贫困，但是十一届三中全会决定开展农村改革，这给予了农民更多的自主权，充分调动了农

① 毛泽东文集第 8 卷 [M]. 北京：人民出版社，1999：323 - 324.
② 毛泽东文集第 8 卷 [M]. 北京：人民出版社，1999：216.
③ 毛泽东文集第 8 卷 [M]. 北京：人民出版社，1999：7i - 73.
④ 邓小平文选第 2 卷 [M]. 北京：人民出版社，1994：316.

民的生产积极性，农村的面貌发生了巨大变化，农村的粮食作物和经济作物都有了大幅增长，取得了非常显著的成效，这是没有预想到的。①

1985年9月23日，邓小平在中国共产党全国代表会议上的讲话中强调，全党要高度重视社会主义精神文明建设，下大决心肃清资本主义和封建主义的流毒，充分激发社会主义的优越性；精神文明建设得不到有效加强，物质文明建设就会遭到影响和破坏；加强精神文明建设，要着眼于推动党风和社会风气的改善，其中端正党风是关键，要统一思想，加强作风的整顿，开展批评和自我批评，同时改善风气可以从教育着手，加强调查研究，由适当的人开展说服教育；并及时解决群众反映的问题；要不断加强思想政治教育工作队伍的建设，并且不能削弱其力量；要防范和打击各种犯罪活动、腐败现象。② 1992年1月18日至2月21日，邓小平在武昌、深圳、珠海、上海等地的谈话中强调，要坚持两手抓，要一手抓改革开放，一手抓打击各种犯罪活动，这两手都要硬，既要推动经济发展，也要打击经济发展中出现的各种犯罪活动、丑恶现象，建设有中国特色的社会主义；改革开放以后，要坚决取缔和打击出现的各种犯罪活动和丑恶现象，不能任其自由发展，同时要反腐败，推动法制建设，使生产力得以发展，坚持两手抓，有利于推动精神文明建设。③

1983年10月12日，邓小平在中国共产党第十二届中央委员会第二次全体会议上的讲话中强调，思想战线领域不能出现精神污染的现象，思想战线的工作者应该始终坚持马克思主义、社会主义，用优秀的作品、精彩的演讲等来教育和引导群众，帮助群众更好地了解和认识历史、现实，坚信党的领导，要做到有理想、有道德、有文化和守纪律；要反对精神污染，反对资产阶级腐朽没落的思想，要坚信中国共产党的领导；要通过加快物质文明和精神文明建设来提升人民的生活水平和文化水平；加大能够振奋人民的革命精神的作品的创作力度，发挥这些作品的精神鼓舞作用，教育并引导他们更好地献身于国家的建设和发展；要进一步加强党对思想战线的领导，解决思想战线的领导软弱涣散问题，加强思想斗争，积极开展批评和自我批评，不断解决思想战线的问题。④

总之，邓小平关于物质文明建设、精神文明建设都要抓的相关论述，对于解放思想，解放和发展生产力，抵制腐朽没落思想，提高人民群众的思想道德

---

① 邓小平文选第3卷［M］．北京：人民出版社，1993：237－238．
② 邓小平文选第3卷［M］．北京：人民出版社，1993：143－145．
③ 邓小平文选第3卷［M］．北京：人民出版社，1993：378－379．
④ 邓小平文选第3卷［M］．北京：人民出版社，1993：39－46．

素质和文化水平起到了重要的指导作用。

3. 江泽民关于先进文化的相关理论

江泽民对马克思主义的相关文化治理思想进行了传承和发展，并强调要推动社会主义先进文化的发展和繁荣，物质文明、精神文明建设都要抓，发挥精神文明建设的精神力量作用；推动教育优先发展，大力发展义务教育，优化教育资源结构；重视和加强爱国主义、集体主义和社会主义思想的教育，用科学的理论来武装和教育、引导人，抵御各种腐朽思想的侵蚀，消除各种腐朽思想的影响；加强社会公德、职业道德和家庭美德教育，树立科学、正确的世界观、人生观和价值观；充分尊重人民群众的主体性地位和首创精神，不断提升人民群众的思想文化水平和科技文化素养，不断满足人民群众的精神文化需求。

1992 年 10 月 12 日，江泽民在中国共产党第十四次全国代表大会上的报告中强调，两手都要抓、两手都要硬，要把物质文明和精神文明同时建好并提高到一个新的水平，精神文明建设需要围绕经济建设这个中心并为其提供强大的精神动力；要激发广大群众参与现代化建设的积极性，强化爱国主义、集体主义和社会主义思想教育，增强民族自尊心以及自信心，积极抵御各种腐朽思想的侵蚀；加强社会公德、职业道德等的教育，弘扬时代精神，遵守职业规范，自觉抵制各种社会丑恶现象。① 1997 年 9 月 20 日，江泽民在中国共产党第十五次全国代表大会上的报告中强调，要不断提高群众的思想道德素质和文化水平，不断培养适应现代化建设需要的"四有"公民；推动教育优先发展，优化教育资源结构，加强对教育资源的合理配置，大力发展义务教育，扫除文盲，构建完善的教育发展体系；普及科技文化知识，消除愚昧，弘扬科学精神，提高群众的科技文化素养；继续深入推进文化体制改革，制定和完善各项文化发展政策；积极弘扬和倡导社会公德、职业道德和家庭美德，构建完善的文化基础设施服务体系，不断营造良好的文化发展环境和服务环境，为满足群众的精神文化需求提供良好的发展环境和条件。② 2000 年 6 月 28 日，江泽民在中央思想政治工作会议上的讲话中强调，要加强对群众的思想武装、舆论引导和精神塑造，不断提升群众的思想道德素质及其文化水平，努力培养"四有"公民；营造良好的社会风尚，进一步激发群众的积极性、主动性和创造

---

① 江泽民文选第 2 卷 [M]. 北京：人民出版社，2006：237 – 239.
② 江泽民文选第 2 卷 [M]. 北京：人民出版社，2006：33 – 35.

性；要引导群众克服和抵制各种落后的、错误的、腐朽的思想，树立科学的、正确的世界观、人生观和价值观，将个人的理想和奋斗融入国家的现代化建设当中，坚定中国特色社会主义的理想信念；构建与社会主义市场经济发展相适应的社会主义道德体系。① 2001 年 12 月 18 日，江泽民在中国文学艺术界联合会上的讲话中强调，在推进文学艺术繁荣发展的过程中，要积极弘扬主旋律，积极宣传爱国主义、集体主义和社会主义思想，教育引导人民群众坚决抵制拜金主义、享乐主义等各种消极、落后和腐朽的思想文化，加大对先进文化的发展和倡导力度，进一步改造落后文化，形成追求真理、歌颂美善、反对丑恶、崇尚科学、反对愚昧等社会文化氛围。②

1992 年 12 月 25 日，江泽民在主持召开六省农业和农村工作座谈会时强调，在加强农村物质文明、精神文明建设时，要坚持两手抓、两手都要硬，要消除各种农村丑恶现象，消除各种腐朽思想的影响，重视农民的爱国主义、集体主义和社会主义思想的教育，要不断提升农民思想道德素质和文化水平，用先进的思想和文化占领农村思想文化阵地。③ 1998 年 9 月 25 日，江泽民在安徽省考察工作时强调，要保护和维护农民的物质利益和民主权利，把群众的积极性充分调动起来，推动农村生产力的解放和发展，深入推动农村经济发展；要充分尊重农民的主体性和首创精神。④ 2001 年 7 月 1 日，江泽民在庆祝中国共产党成立八十周年大会上的讲话中强调，深入推进社会主义文化的发展，要坚持马克思主义的指导地位，引导人们树立正确、科学的价值观，坚定对社会主义的理想信念，提升对现代化建设的信心，强化自立、竞争、效率、法治、创新等意识；坚持用科学的理论来武装和教育人，引导人，提高群众的综合素质和社会文化水平；积极倡导爱国主义、集体主义，加强移风易俗，改造和抵制各种消极的、腐朽的思想，强化群众的思想道德建设；加强文化创新，推动社会主义先进文化发展繁荣，不断满足群众的精神文化需要。⑤⑥

2002 年 11 月 8 日，江泽民在中国共产党第十六次全国代表大会上的报告中指出，要加快构建完善的现代国民教育体系，不断推进群众的思想道德素

---

① 江泽民文选第 3 卷［M］. 北京：人民出版社，2006：87 - 92.
② 江泽民文选第 3 卷［M］. 北京：人民出版社，2006：403.
③ 江泽民文选第 2 卷［M］. 北京：人民出版社，2006：276.
④ 江泽民文选第 2 卷［M］. 北京：人民出版社，2006：209 - 210.
⑤ 江泽民文选第 3 卷［M］. 北京：人民出版社，2006：277 - 279.
⑥ 江泽民文选第 3 卷［M］. 北京：人民出版社，2006：294 - 295.

质、文化素质显著提升，让群众都能够有接受良好教育的机会，进一步消除社会文盲现象，加快构建学习型社会，进一步推进和实现人的全面发展。为此，要深入推进社会主义先进文化的发展，用科学的理论武装人，推动健康有益文化的发展，改造落后的文化并抵制腐朽的文化；要把培育和弘扬民族精神放在教育的全过程，激发广大群众形成昂扬向上的精神状态；坚持依法治国与以德治国相结合，深入推动道德建设，强化社会主义共同理想的教育，引导群众树立正确的世界观、人生观和价值观；不断深化教育体制改革，加大素质教育和技能培训的支持力度和发展力度，培养更多的高素质劳动者；推动文化产业的繁荣发展，更好地满足群众的精神文化需求；深化文化体制改革和发展，一手抓繁荣、一手抓管理，深入推进文化市场体系的发展和完善。①

总之，江泽民关于物质文明和精神文明建设都要建设好，加强农民的思想政治教育，提高农民的思想道德素质和文化水平的相关论述，对推动农民文化治理发挥了重要的指导作用。

4. 胡锦涛关于农民文化教育的相关理论

胡锦涛传承和发展了中国共产人有关农民文化教育的相关论述，强调，既要抓好物质条件的建设和发展，又要加强人的思想政治教育，加强思想道德建设是重点；要加强对劳动者的智力开发，学习科学文化知识，加大基础教育、职业教育、成人教育和高等教育的发展力度，加强人才培养，提高劳动者的素质；加强社会主义核心价值体系的建设，加强对人民群众的爱国主义、社会公德、职业道德、家庭美德以及个人品德的教育，加强人民群众的社会主义共同理想教育，弘扬中华传统美德和优秀传统文化；引导农民勤劳致富和实现共同富裕，增强抵制迷信和宗教活动的思想自觉和行动自觉，培育一批有文化、懂技术、会经营适合新农村发展的新型农民；坚持经济效益、社会效益两者相统一，推动农村文化事业繁荣发展，完善公共文化服务体系，推动城乡文化市场的发展繁荣；不断深化文化体制的改革；满足人民多样化、多层次的精神文化需求。

1988 年 6 月 8 日，胡锦涛在贵州省毕节地区开发扶贫、生态建设试验区工作会议上指出，生产技术水平不高、管理水平低下、劳动者的综合素质不高是导致毕节地区经济发展落后的重要原因；反之，通过开发劳动者的智力，提高其文化知识、科学技术和管理水平，将有利于增加毕节地区的经济发展效

---

① 江泽民文选第 3 卷 [M]. 北京：人民出版社，2006：558 – 562.

益，因此，要进一步加强对劳动者的智力开发，加大基础教育和职业教育发展力度，加大乡土科技人才和初级技术人才的培养力度，提高劳动者的素质，充分激发广大劳动者的积极性，以更好地适应毕节地区开发扶贫、生态建设试验区建设的现实需要。① 1989 年 4 月 20 日，胡锦涛同志在庆祝西藏实行民主改革三十周年报告会上指出，推动科学技术水平的提高和人的综合素质提升，是实现民族发展的重要出路，而这归根到底是要促进教育的发展，要强调培养人的重要性，通过发展师范教育、职业教育、成人教育和高等教育来办好教育，既要传授知识，又要加强思想政治教育，加强人才培养，提升人的综合素质。② 1997 年 12 月 1 日，胡锦涛在全国妇联七届五次执委会上指出，提高国民素质是增强国家竞争力的重要方面，妇女的素质关系妇女自身的解放，提高妇女素质成为增强妇女自身竞争力的重要工作，因此，要帮助妇女学习科学文化知识，提高其思想道德素养，并为其创造良好的外部发展条件，充分调动其发展的积极性，努力提高妇女的综合素质。③

1996 年 11 月 20 日，胡锦涛在省部级干部社会主义精神文明建设专题研究班结业式上指出，人民群众是我国精神文明建设的主体，需要调动起人民群众参与精神文明建设的积极性，为此，需要结合报刊、电视等宣传工具，结合理论学习、宣讲等形式，传达党的最新政策和精神给群众；在精神文明建设中，提升全民族素质是根本，加强思想道德建设是重点，既要抓好物质条件的建设和发展，又要加强人的思想政治教育，按照"四有"目标教育人和培养人；要通过生动活泼的教育形式加强对人民群众的爱国主义、社会公德、职业道德和家庭美德等的教育，加强人民群众的社会主义共同理想教育，使其树立正确的世界观、人生观和价值观；在农村，要围绕农民的素质提升、勤劳致富等目标，加强其思想政治教育以及科学文化教育，引导农民勤劳致富和实现共同富裕，提高农民自身分辨美丑、是非、进步和落后、文明和愚昧等的综合能力，增强抵制迷信和宗教活动的思想自觉和行动自觉。④ 2012 年 11 月 8 日，胡锦涛在中国共产党第十八次全国代表大会上的报告中强调，要不断提高群众的道德素质，加大中华传统美德的弘扬力度，加大社会公德、职业道德、家庭美德以及个人品德的教育力度，加强群众的精神文明建设，培养良好的社会风尚；要

---

① 胡锦涛文选第 1 卷 ［M］. 北京：人民出版社，2016：1 - 5.
② 胡锦涛文选第 1 卷 ［M］. 北京：人民出版社，2016：32 - 33.
③ 胡锦涛文选第 1 卷 ［M］. 北京：人民出版社，2016：286 - 287.
④ 胡锦涛文选第 1 卷 ［M］. 北京：人民出版社，2016：223 - 226.

进一步丰富群众的精神文化生活，坚持以人民为中心，不断提高文化产品和服务的供给质量；深入推进基层的文化惠民工程建设，尤其是加大对农村地区的文化建设支持力度，完善公共文化设施的服务和供给体系；弘扬优秀传统文化，积极开展多样化的群众性文化活动；引导教育群众加强自我教育，普及科学文化知识，不断提高群众的文化素养。①

2008 年 9 月 9 日，胡锦涛在河南焦作主持召开农村改革发展问题座谈会时强调，要始终保障农民的经济、政治、文化等方面的权益，并将其放在农村工作的首位，尊重农民的首创精神，确保农民在农村工作中的主体性得到充分发挥，激发农民的内生动力及创造热情，努力发展和维护好广大农民的切身利益。② 2006 年 2 月 14 日，胡锦涛在省部级主要领导干部建设社会主义新农村专题研讨班上指出，要加强农村的精神文明建设，努力提高农民的综合文化素质，培育造就一批有文化、懂技术、会经营且适合新农村发展的新型农民。第一，要加快推进农村的教育事业向前发展，进一步加大对农村义务教育、技能培训、职业教育、成人教育等农村教育的资金投入力度，既免除农村义务教育的学杂费，让每个农村家庭的子女都能上得起学，又不断加强对农村的劳动力进行技能培训，进一步提高农民的综合文化素质；继续优化农村的办学条件和环境，不断提高农村学校的经费保障水平。第二，推动农村文化事业的繁荣发展，加大对农村公共文化设施的建设力度，积极开展形式多样的农村文化活动，满足农民多样化、多层次的精神文化需求，并进一步健全政府、企业和社会团队对农村文化事业发展的资金投入机制。第三，要积极弘扬民族精神和时代精神，加大农村道德建设工程的建设力度，开展多样化的精神文明创建活动，引导农民形成健康、文明的生活方式。③

2008 年 1 月 22 日，胡锦涛在全国思想政治工作会议上强调，要加强社会主义核心价值体系的建设，并积极探索用其来引领社会思潮，把握不同群体的思想和价值取向，大力弘扬积极向上、正确的价值观，尊重群众的认知水平和认知差异，有效提高群众的社会认同感；加强人民群众的思想道德建设，弘扬爱国主义、集体主义，弘扬社会公德、职业道德、家庭美德、个人品德以及传统美德等，反对拜金主义和享乐主义等思想，提高人民群众的思想道德素质、

---

① 胡锦涛文选第 3 卷 ［M］. 北京：人民出版社，2016：638 – 639.
② 胡锦涛文选第 3 卷 ［M］. 北京：人民出版社，2016：90.
③ 胡锦涛文选第 2 卷 ［M］. 北京：人民出版社，2016：418 – 419.

社会文明程度；探索适合基层群众需要的文化产品和服务，通过开展多样化的文化活动，将积极向上、健康的文化产品和服务送至农村，进一步满足农村、偏远落后地区人民的精神文化需要，有效解决农民看书难、看电影难等各种问题；与此同时，要深化文化体制改革，统筹城乡文化事业发展，解放和发展文化生产力，不断满足人民群众的精神文化需要。①

　　2010 年 2 月 3 日，胡锦涛在省级主要领导干部深入贯彻落实科学发展观加快经济发展方式转变专题研讨班上强调，要加快推进文化产业发展，在推动公益性文化事业发展的同时，在文化事业发展中，要坚持经济效益、社会效益两者相统一，切实满足人民多样化、多层次的精神文化需求，不断深化文化体制的改革；要进一步构建和完善覆盖全社会的公共文化服务体系，深入推动公益性文化事业的发展，切实保障人民的基本文化权益，加大涉及人民切身利益的文化发展项目的建设力度，深入推进文化惠民工程建设，开展文化下乡活动，有效扩大基层公共文化服务供给，不断满足基层群众的基本文化产品和服务需求；深入推进经营性文化产业的发展，加大文化产业基地、特色文化产业集群的建设力度，打造有一定市场竞争力和影响力的文化品牌，推动新的文化业态健康发展，完善文化产品和服务的传播体系，深入推动文化骨干企业的壮大和发展；推动文化市场的发展和完善，健全文化产品和服务市场及要素市场体系，推动城乡文化市场繁荣发展，并积极拓展国际文化市场。② 2010 年 1 月 18 日，胡锦涛在中央第五次西藏工作座谈会上指出，改善民生要把丰富人民的精神文化生活作为重要的工作，要重点推进教育文化工程的建设，增强精神文化产品和服务的供给能力，完善公共文化服务体系，健全公共文化服务机制，加强基础文化设施、广播电视村村通工程等的建设，加大现代文明理念的传播力度，让广大人民的精神文化生活得以更加充实。③ 2011 年 10 月 8 日，胡锦涛在中共十七届六中全会第二次全体会议上指出，要始终坚持以人为本，充分尊重群众的主体地位及其首创精神，努力激发社会文化发展和创造的活力，不断提升群众的思想道德素质和文化水平，坚持以人民为中心的文化创作导向，不断满足群众的精神文化需求，推动实现人的全面发展。④

　　总之，胡锦涛有关农民文化教育相关论述，对推动农村精神文化建设，不

---

①　胡锦涛文选第 3 卷［M］．北京：人民出版社，2016：62 - 67．
②　胡锦涛文选第 3 卷［M］．北京：人民出版社，2016：354 - 355．
③　胡锦涛文选第 3 卷［M］．北京：人民出版社，2016：316．
④　胡锦涛文选第 3 卷［M］．北京：人民出版社，2016：564．

断满足人民群众日益增长的精神文化需求，推动农民的自由全面发展起到重要的指导作用。

5. 习近平关于文化扶贫的相关理论

习近平在 1992 年出版的《摆脱贫困》一书中发表了他于 1988 年在闽东九县的调查随感，习近平说当时的闽东县很贫困，是一只"弱鸟"，他在上任后的 7~8 月，到闽东的九个县以及浙南温州等地进行了调研，并一直思考在发展商品经济的态势下如何实现闽东县这只"弱鸟""先飞"的问题。要实现摆脱贫困的闽东县"先飞"，闽东县需要有"先飞"意识。由于闽东县以农业经济发展为主，交通比较闭塞，信息交流短缺，发展商品经济的条件比较艰难，闽东县给人的印象即"老、少、边、岛、贫。"闽东县的经济社会发展是贫困的，但是党员、干部和人民群众的观念不能"贫困"，要将"安贫乐道""等、靠、要"等观念统统扫除掉。能否实现"弱鸟""先飞"，"至贫""先富"，要看党员、干部和人民群众的头脑中有没有"先飞""先富"的意识。党员、干部和人民群众要解放思想、更新观念，要辩证地看待"弱鸟"可以"先飞"，"至贫"可以"先富"问题，如此才能跳出固有的思维来分析和解决问题，要把解决资金和原材料短缺的关键放到自己身上来，把"事事求诸于人"转变到"事事先求诸于己"，这是"'先飞'意识的第一要义"。比如，贫困地区在挖掘潜力和降低成本方面，可以通过建立稳定的物资协作网络以及制定让利政策，在一些自身未受制约的领域，通过自己的努力、政策、长处以及优势等，把自身的独特优势超常发挥出来，从而在特定的领域实现"先飞"，以弥补贫困所造成的影响。对于贫困地区来说，商品观念、市场观念和竞争观念都是崭新的观念，这些观念都应成为当地党员、干部和人民群众的"先飞"意识的组成部分；如果没有这种"先飞"意识的观念，即使天天高喊商品经济也只能是一句空话。① 这表明，习近平较早就关注到了人民群众的贫困思想和意识问题，要解决人民群众的贫困问题，首先要有"弱鸟""先飞"的意识。

党的十八大以来，各种扶贫和脱贫政策、制度、模式和具体措施的实施，有力推动农民脱贫致富。2018 年 5 月 4 日，习近平在纪念马克思诞辰 200 周年大会上的讲话中引用马克思主义关于文化建设的思想时强调，思想文化建设既

---

① 习近平. 摆脱贫困 [M]. 福州：福建人民出版社，1992：1-3.

对经济基础产生决定作用，又对其产生反作用，当人们掌握先进的思想文化时，这些先进的思想文化会成为人们强大的物质力量并为人们所用，而落后的思想只会成为社会发展进步的障碍，为此，要解放思想，推动社会主义先进文化的发展，加快推进社会主义精神文明建设、社会主义核心价值观教育、优秀传统文化创造性转化，努力转变人民的思想观念和提升人民的道德素养。①2012 年 12 月 29 日至 30 日，习近平在河北省阜平县考察时强调，要"治贫先治愚"，做好贫困地区的义务教育工作，让下一代都能享有好的教育、拥有文化，不要让他们输在起跑线上。② 2015 年 9 月 9 日，习近平在给"国培计划（2014）"北京师范大学贵州研修班参训教师的回信中强调，"扶贫必扶智"，让贫困地区的孩子接受良好教育并成为德、智、体、美全面发展之人，是扶贫开发和阻止贫困代际传递的重要渠道。③ 2015 年 11 月 27 日，习近平在中央扶贫开发工作会议上强调，"治贫先治愚，扶贫先扶智"，要阻止贫困家庭子女辍学失学、"读书无用论"想法蔓延的现象发生，要推动贫困地区教育发展，阻断贫困代际传递；只要坚定自己脱贫的信心，"人穷志不能短，扶贫必先扶志"，并树立艰苦奋斗的决心，就可以通过自己的勤劳实现脱贫致富；④ 推动人民脱贫致富，需要依靠和发挥人民群众的首创精神，需要尊重他们的主体地位，围绕人民群众的需求开展扶贫项目和活动。⑤ 2017 年 6 月 23 日，习近平在深度贫困地区脱贫攻坚座谈会上的讲话中强调，有的地区存在社会文明程度较低，存在着一些贫困人口识字率较低、辍学、沿袭陈规陋习、安于现状、脱贫的内生动力不足等问题；⑥ 要加强扶贫同扶智、扶志的结合，改变贫困地区人民的"等、靠、要"思想，充分调动贫困人口的积极性、主动性和创造性，加大他们的基本技能的培育力度，增强他们的内生发展活力和动力，教育并引导他们通过努力实现脱贫致富。⑦ 2017 年 10 月 18 日，习近平在党的十九大报

---

① 习近平．在纪念马克思诞辰 200 周年大会上的讲话［M］．北京：人民出版社，2018：19 - 20．

② 习近平．做焦裕禄式的县委书记［M］．北京：中央文献出版社，2015：24．

③ 中国政府网．习近平总书记给"国培计划（2014）"北京师范大学贵州研修班参训教师的回信全文［EB/OL］．http：//www. gov. cn/xinwen/2015 - 09/09/content_2927778. htm，2015 - 09 - 09．

④ 习近平．在中央扶贫开发工作会议上的讲话：2015 年 11 月 27 日//十八大以来重要文献选编：下［M］．北京：中央文献出版社，2018：42 - 49．

⑤ 习近平．在中央扶贫开发工作会议上的讲话：2015 年 11 月 27 日//十八大以来重要文献选编：下［M］．北京：中央文献出版社，2018：50．

⑥ 习近平．在深度贫困地区脱贫攻坚座谈会上的讲话［M］．北京：人民出版社，2017：8 - 9．

⑦ 习近平．在深度贫困地区脱贫攻坚座谈会上的讲话［M］．北京：人民出版社，2017：16 - 17．

告中强调要注重"扶贫同扶志、扶智相结合",实现脱真贫、真脱贫。① 2016
年 7 月 20 日,习近平在东西部扶贫协作座谈会上强调,摆脱贫困首先要解决
的问题并不是物质上的贫困,而是人的意识和思路上的贫困;"扶贫必扶智,
治贫先治愚",贫穷不是可怕的,可怕的是贫穷的人存在智力不足、缺乏想法、
知识匮乏、意志消沉等问题,要实现脱贫致富,不只是实现口袋的富裕,更要
实现脑袋的富裕,要激发贫困人口摆脱贫困的志向和内生发展动力。② 2018 年
2 月 12 日,习近平在打好精准脱贫攻坚战座谈会上强调,需要发挥贫困人口的
主体性,增强他们的内生发展动力,加强"扶贫同扶志、扶智相结合",增强贫
困人口的积极性、主动性和创造性,引导他们通过努力改变命运,实现脱贫致
富;要加强贫困人口的思想教育,通过精神鼓励等增强他们摆脱贫困的精气神;
发挥村规民约作用,引导贫困人口摆脱陈规陋习,树立良好的文明新风;并加强
优秀典型的示范引领作用,在乡村营造一种勤劳致富的积极氛围。③

(四) 中国共产党人关于国家治理体系和治理能力现代化的理论

2013 年 11 月 12 日,习近平总书记主持召开的党的十八届三中全会审议并
通过了《中共中央关于全面深化改革若干重大问题的决定》,提出要推进国家
治理体系和治理能力现代化。2017 年 10 月 18 日,党的十九大报告明确了推进
国家治理体系和治理能力现代化的目标——2035 年要基本实现国家治理体系
和治理能力现代化。2019 年 10 月 31 日,党的十九届四中全会通过的《中共
中央关于坚持和完善中国特色社会主义制度 推进国家治理体系和治理能力现
代化若干重大问题的决定》(以下简称《决定》),对推进国家治理体系和治理
能力现代化的重大问题作出了指导,是对推进国家治理体系和治理能力现代化
作出的系统的、科学的、正确的论述,是马克思主义基本原理同我国具体实际
相结合的产物,是坚持马克思主义、坚持中国共产党的领导和坚持中国特色社
会主义道路的体现,是具有强大生命力、巨大制度优越性的制度和治理体系。

《决定》对推进国家治理体系和治理能力现代化作出了系统和具体的论
述,《决定》强调,要推进国家治理体系和治理能力现代化,要坚持马克思主

---

① 习近平. 决胜全面建成小康社会 夺取新时代中国特色社会主义伟大胜利——在中国共产党第
十九次全国代表大会上的报告 [M]. 北京:人民出版社,2017:47 - 48.
② 习近平关于社会主义经济建设论述摘编 [M]. 北京:中央文献出版社,2017:231 - 232.
③ 习近平. 在打好精准脱贫攻坚战座谈会上的讲话 [M]. 北京:人民出版社,2020:25.

义，坚持党的领导、人民当家作主、依法治国三者之间的有机统一，建立完善的、运行有序的体制机制，加强"系统治理、依法治理、综合治理、源头治理"，把我国的制度优势转化为治理效能；《决定》还强调，要从坚持和完善党的领导制度及法治体系、行政体制等方面提高党科学执政、民主执政、依法执政的水平，提高依法治国、依法行政、依法行政的能力；坚持和完善人民当家作主的制度体系，更好地激发人民创造的能力，保障人民的权益；坚持和完善社会主义先进文化的制度体系，把社会主义核心价值观融入社会治理，推动文化的创造性转化、创新性发展；坚持和完善民生保障制度，满足人民对美好生活的需要，推进人的全面发展；坚持和完善社会治理制度，构建自治、法治、德治三者相结合的治理体系，推动构建共建共治共享的社会治理格局；坚持共商共建共享的全球治理观，推动构建人类命运共同体。

由此可见，中国共产党关于推进国家治理体系和治理能力现代化的理论，可以为乡村振兴过程中农民文化贫困治理提供重要的理论依据，对推动农民文化贫困的系统治理、依法治理、综合治理、源头治理具有重要作用，在广大农村地区推动构建自治、法治、德治三者相结合的文化贫困治理体系，激发广大农民主动性、能动性和创造性，推动农民在共建共治共享中积极参与到乡村治理中来，更好地保障农民的发展权益，不断增强农民的获得感、幸福感和安全感，不断满足农民自身追求美好幸福生活的需要，更好地推进农民实现自由而全面的发展。

三、乡村振兴进程中农民文化贫困治理的理论借鉴

（一）关于可行能力理论

阿马蒂亚·森（Amartya Sen）提出了可行能力理论，并从可行能力角度对贫困进行了阐释。森认为，可行能力是一个人有可能实现和各种可能的值得人们去做或能够达到的各种事情或状态的组合，反映了可行能力是一种实质自由[①]；可以根据一个人的可行能力，根据其所能享有的实质自由来对其生活处境进行判断。据此，可以将贫困看作人的基本可行能力被剥夺，而不只是收入

---

① 阿玛蒂亚·森. 以自由看待发展 [M]. 任赜，于真，译. 北京：中国人民大学出版社，2012：62-63.

水平低下。当然，不可否认的是，收入水平低下也是人的基本可行能力被剥夺的一个重要形成原因。森认为，用可行能力的被剥夺来看待贫困，可以突显贫困人口所应固有的重要性被剥夺，可以发现贫困人口除了收入之外还有其他重要因素影响其基本的可行能力，从而可以发现真实的贫困，使得人们可以把注意力从收入转向人们有理由追求的目的和自由，进一步加深对贫困和人的基本可行能力被剥夺的理解。① 阿马蒂亚·森提出的可行能力理论为多维贫困理论的形成提供了重要的理论基础，使得人们对贫困的认识和理解不再局限在收入层面，而是将贫困的内涵拓展到经济社会发展以及人自身发展的各个层面，拓宽了贫困的研究视角，为多维贫困的理论研究奠定了重要的基础。

阿马蒂亚·森基于可行能力理论提出了多维贫困概念，森指出，多维贫困不仅包括收入方面的贫困，也包括生活用水、用电、住宿、卫生、交通的贫困以及人们的主观感受等方面的贫困②。联合国开发计划署发布的《2010 年人类发展报告》从教育、健康和收入三个维度测算了人类发展指数，推动了多维贫困理念的进一步发展。近年来，联合国开发计划署采用多维贫困指数（MPI）衡量多维贫困状况。2020 年，联合国开发计划署从健康、教育和生活水平三个维度共计 10 个指标对多维贫困指数进行测算，进一步衡量和分析各地区人口的多维贫困。阿马蒂亚·森基于可行能力理论提出的多维贫困理论，为推动各界从多维视角来探讨贫困问题提供了新的视角，有利于人们更深入地理解和把握贫困问题。

（二）关于贫困文化理论

美国人类学家奥斯卡·刘易斯（Oscar Lewis）1959 年提出了贫困文化理论，刘易斯根据墨西哥不同贫困地区的贫困家庭生活状况进行了深入研究，研究发现，贫困文化是这些地区的家庭产生贫困的重要原因。刘易斯强调，贫困文化会导致贫困地区产生一种自我维持贫困状况的文化体系，这种贫困文化是贫困人口长期生活在贫困地区而形成的一种文化和氛围，并体现在贫困人口的生活方式、行为规范和思想观念等方面，并且这种文化是一种与社会主流价值

---

① 阿玛蒂亚·森. 以自由看待发展 [M]. 任赜，于真，译. 北京：中国人民大学出版社，2012：85 - 87.

② 王小林，Sabina Alkire. 中国多维贫困测量：估计和政策含义 [J]. 中国农村经济，2009（12）：4 - 10，23.

观和主流文化相背离的亚文化,这种亚文化的长期存在会导致生活在这些贫困地区的人们产生负面的思想和生活影响,并会引起贫困的代际传递以及使得贫困文化传递和延续。① 贫困文化具有独立性、隐匿性、价值性、传递性等特点②③,其所产生的后果一般较为消极、顽固,进而形成与其贫困生活相适应的生活方式、行为习惯和思维模式,最终处于被边缘化的地位④。陈旧落后的思想观念、价值观是贫困文化的重要体现,突出表现为人的内在精神贫困,这严重制约了人们实现脱贫致富的信心和斗志,致使人们无法摆脱贫困。⑤

(三) 西方关于人的现代化理论

"现代化"一词是20世纪60年代以后才开始在西方流行的,关于其内涵,目前尚无统一的说法。罗荣渠(2014)认为,现代化的内涵主要存在以下四种说法:一是在近代资本主义兴起后,经济落后的国家向先进发达的国家赶超的过程;二是经济发展比较落后的国家推进和实现工业化的过程,反映了现代社会发展变迁的动力和特征;三是科学革命发生后人类的发展变化过程,既包括经济领域的发展变化过程,也包括社会制度、知识增长等领域的发展变化过程;四是人的心理、价值观、生活方式的变化过程。德国马克斯·韦伯(Max Weber)是较早提及上述第四种观点的人,他认为,人的精神、一般生活和经济道德等因素的合理化都是推动欧洲资本主义兴起和发展的必要辅助因素。由此可见,从广义上来说,现代化是人类自工业革命发生后所经历的一个世界性历史过程,其以工业化作为重要推动力,推动人类由传统农业社会向现代工业社会转变,进而使得工业化因素不断渗透到经济社会发展的各个领域的历史变化过程;从狭义上来说,现代化是经济发展落后的国家通过经济、技术的赶超,使其追赶上先进国家的发展水平,进而引发社会广泛变革的过程。⑥

---

① 王秀华. 职业教育精准扶贫的理论基础、价值主线与实践突破 [J]. 教育与职业, 2017 (21):16 – 22.
② 王瑜,叶雨欣. 广西边境地区普通高中优质生源流失的问题、成因与对策——基于贫困文化视角 [J]. 民族教育研究, 2020, 31 (6): 52 – 59.
③⑤ 贺海波. 贫困文化与精准扶贫的一种实践困境——基于贵州望谟集中连片贫困地区村寨的实证调查 [J]. 社会科学, 2018 (1): 75 – 88.
④ 俞茹. 少数民族文化致贫与贫困文化后果研究 [J]. 云南民族大学学报(哲学社会科学版),2019, 36 (3): 101 – 106.
⑥ 罗荣渠. 现代化新论——世界与中国的现代化过程(增订版) [M]. 北京:商务印书馆,2004: 1 – 17.

美国著名学者阿历克斯·英克尔斯（Alex Inkeles）是人的现代化理论研究的代表性人物。他敏锐地发现，现代化应该是包含着人的现代化，不只是政治、经济、社会、文化、科学技术等方面的现代化，更应该包括人的现代化，只有参与的人也实现了现代化，整个现代化才是真正的现代化①。英克尔斯认为，对人的现代化的理解，可以从以下几个方面来理解：一是人的现代化是作为一种固有倾向的现代化，因人并不是一出生就是现代化的人，只有通过成为现代化的人的途径，才能让自己成为现代化的人；二是人的现代化是人在早期因受到家庭环境影响而形成的现代化，强调了学习是人现代化的重要成因，因人早期的学习是特殊家庭的聚集所引起的，这会使得所养成的品质固定下来；三是人的现代化是作为个体表达共有群体文化所体现出来的现代化，强调人是文化的承载者，但因社会所倡导和灌输的价值观念、行为、文化等不同而有所不同，而这些倡导和灌输的文化具有现代化的品质，因此，受到这些文化灌输和影响的人更具有现代化；四是强调人的现代化是文化传播过程中同现代化制度相联系的人的态度、价值观念和行为的现代化特殊文化产物；五是人的现代化是社会学习的产物，是人在组织实践中通过学习使其转变为现代化的人。②英克尔斯关于人的现代化的研究，有效地推动了人的现代化理论研究，并突出强调了人在推进和实现现代化中的重要性及其历史地位。

四、本章小结

在乡村振兴进程中，随着我国绝对贫困问题的消除，我国进入了相对贫困治理的新阶段，如何消除农民的文化贫困问题，更好地推动农民向现代农民转变，实现农民的现代化，进而为实现乡村文化振兴奠定基础，以及更好地满足农民的美好生活需要，推动农民实现自由而全面发展是一个重要的现实问题，这对加强农民文化贫困治理提出了新要求。因此，迫切需要从思想、观念、精神等文化形态方面，加快推进农民文化贫困治理，推动农民向现代农民转变，以更好地满足农民对美好生活的需要，更好地实现农民自由全面的发展。与此

---

① 韩兴雨，叶方兴，孙其昂. 人的现代化与思想政治教育现代转型——英格尔斯"人的现代化"理论及其启示［J］. 理论月刊，2013（9）：122-125.
② ［美］阿历克斯·英克尔斯. 人的现代化素质探索［M］. 曹中德，等译. 天津：天津社会科学院出版社，1995：17-23.

同时，马克思、恩格斯、列宁以及中国共产党领导人关于文化贫困治理的相关理论为乡村振兴进程中农民文化贫困治理提供了重要的理论依据。此外，阿马蒂亚·森的可行能力理论、刘易斯的贫困文化理论和西方学者关于人的现代化理论，也为乡村振兴进程中农民文化贫困治理提供了重要的理论借鉴。

第二章　乡村振兴进程中农民文化贫困
治理的基本内涵及实践逻辑

为了深入研究乡村振兴进程中农民文化贫困治理问题，需要深入、准确地把握乡村振兴进程中农民文化贫困的深刻内涵，并进一步明晰乡村振兴进程中农民文化贫困治理的内在要求和实践逻辑，为深入解决农民文化贫困治理问题提供理论和实践指导。本章内容主要从文化贫困的类型划分及其内涵、文化贫困治理的本质要求及其实践逻辑等角度展开深入研究。

一、文化贫困的类型划分及其内涵

为深入研究农民文化贫困的理论和实践问题，本书将文化贫困划分为观念文化贫困、思想文化贫困、精神文化贫困三个方面，并进一步对文化贫困的内涵和特点进行深入剖析。文化贫困的划分依据说明以及观念文化贫困、思想文化贫困、精神文化贫困的相关内涵介绍如下。

（一）划分依据

根据前文界定的文化和文化贫困的概念可知，本书所指的文化贫困是指狭义上的人们的思想、观念、精神等形态的文化的滞后或贫乏现象。因此，本书的文化贫困中的"文化"也特指人们的思想、观念和精神层面的文化形态。而思想、观念和精神层面的文化形态从其内容来看，可以分为两个层面的内容：一是思想观念的文化认知层面的文化形态内容，二是精神文化需求层面的文化形态内容。这两个层面的内容共同构成了本书中所指的文化的思想、观念和精神等层面的文化形态内容。与此同时，根据马克思主义认识论，人的认识来源于实践，并经历了从感性认识上升到理性认识的过程，然后再将理性认识用于指导实践，进而形成新的感性认识和理性认识，进而形成实践、认识、再实践、再认识的循环往复过程，不断推动着人的认识向前发展。其中，感性认识是人们实践中通过感觉器官获得的对事物的发展形态的反映，是认识的初级阶段；理性认识，是人们对事物的发展形态认识的高级阶段，需要借助人们的抽象思维，对事物的本质、整体及其内在联系以及其发展特征和规律的深刻认识基础上，通过科学、合理的判断、推理甚至理论论证等形成的认识，理性认识更接近对事物的本质及其客观真实性的认识。为此，可以将上下文所指的思想观念的文化认知层面的文化形态内容，划分为感性认识层面的文化形态、理性认识层面的文化形态两个方面。其中，感性认识层面的思想观念反映了人们在实践中形成的想法和观念尚未上升为理性认识；理性认识层面的思想观念反映了人们在实践中形成的思想和观念已经由感性认识上升为一种理性认识，其思想、观念更接近人们对事物的本质认识，体现了其科学性、合理性的一面，经得起特定条件下的实践检验。

因此，为深入研究农民的文化贫困问题，结合思想观念的文化认知与精神文化需求两个层面的文化形态内容，以及结合感性认识层面、理性认知层面等两个认知层面的思想观念，可以将文化贫困划分为观念文化贫困、思想文化贫困、精神文化贫困三个层面，从而对文化贫困进行深入研究。其中，观念文化贫困，对应感性认知层面的观念形态的文化滞后或贫乏现象；思想文化贫困，对应理性认知层面的思想形态的文化滞后或贫乏现象；精神文化贫困，对应精神文化需求层面的精神形态的文化滞后或贫乏现象。需要特别说明的是，人们通常所理解的观念，既包含感性认识的观念，也包括理性认识和非理性认识的思想，甚至"观念"和"思想"有时会被混淆使用，这表明这两个词之间尚无清晰的界限，其内涵也存在重合的部分。但是，我们可以看到，"观念"中的感性认识的成分（包含了非理性的思想）的内涵和外延相对更广，因此，用观念文化贫困来表示感性认识层面的观念形态的文化滞后或贫乏现象相对较为合理，而且可以有效地区分思想文化贫困，有利于更好地深入研究文化贫困问题。同时，思想文化贫困，主要是指理性认识层面的思想形态的文化滞后或贫乏现象。精神文化贫困，主要反映了人们的精神文化需求层面的精神形态的文化滞后或贫乏现象。与此同时，为了更好地认识观念文化贫困、思想文化贫困、精神文化贫困之间的内在结构和联系，构建了逻辑思路图，如图 2－1 所示。

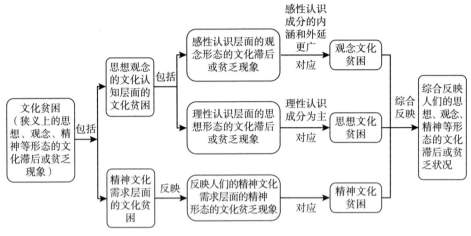

图 2 - 1   文化贫困类型划分的逻辑思路

此外，在对观念文化贫困、思想文化贫困、精神文化贫困的具体表现和内容进行研究的过程中，会受制于某一种观念、思想、精神之间无明确的区分界限。因此，为了能够更好地探讨观念文化贫困、思想文化贫困、精神文化贫困问题，进而深入研究文化贫困的内涵、本质、特点和规律，本书将根据某一种思想、观念、精神的内涵和外延的主要构成成分情况，将其纳入相应的观念文化贫困、思想文化贫困、精神文化贫困的范畴进行研究，以便更好地深化对农民文化贫困问题的研究。因此，在下文的研究中，将现代观念、主体性意识等内容纳入观念文化贫困的研究内容中，用以研究和分析观念文化贫困的总体程度；将价值观、新型职业农民素养、思想理论、科学思维方式等内容纳入思想文化贫困的研究内容中，用以研究和分析思想文化贫困的总体程度；将精神文化生活、理想信念、价值追求、文化自觉等内容纳入精神文化贫困的研究内容中，用以研究和分析精神文化贫困的总体程度。

（二）观念文化贫困的内涵

观念文化贫困，是文化贫困的重要构成维度。根据上文可知，本书所指的观念文化贫困特指人们的感性认识层面的观念形态的文化滞后或贫乏现象。可以看到，本书所指"观念文化贫困"中的"观念"特指人的感性认识，是人们在认识和改造世界的过程中所形成的感性认识，是客观事物在人的大脑中所形成的反映。观念文化贫困表明人们对事物及其发展规律的认识仍不够全面，人们的思想意识仍比较陈旧、落后，相关观念和认识未能全面准确反映现实情况，难以有效适应经济社会发展的现实需要，甚至成为经济社会发展的思想桎梏而阻碍着人的自由全面发展。观念文化贫困本质上体现了人的观念、意识本身所具有的消极、悲观、陈旧或落后等特点，反映了人的观念和意识尚跟不上时代发展的需要，滞后于社会生产力的发展需要，难以适应现代经济社会的发展需要，制约着人们自由而全面的发展，已成为制约人们自身发展的一种深层次因素，迫切需要更新和转变陈旧观念，实现人的观念的现代化转变，以更好地实现人们自身的全面发展。同时，观念文化贫困的形成，通常受到人们自身的认知能力和水平、自然环境、文化传统、社会价值观念、物质条件等多种因素的共同影响，制约着人们的思想观念的改变，使人们的观念的更新和改变落后于物质生产力的发展，以致人们的观念已不能适应经济社会发展和人自身全面发展的需要，甚至使人们的思想观念长期处于一种消极、悲观、落后、陈旧等的状态。此外，观念文化贫困意味着人们在突破自身的观念和想法限制方面遇到较大的困境，制约着自己的思想观念的更新以及自身发展能力的提升，其在观念和意识上存在着一种桎梏或限制。与此同时，人们的自身发展能力的不足，也会加剧人们自身的观念文化贫困的形成及其代际传递，推动观念向现代观念转变的难度也较大，进而形成一种恶性循环。由此可见，观念文化贫困意味着人们观念和意识存在着陈旧、落后或片面的现象，文化水平和道德素养仍有待提升，最终使人们跟不上经济社会发展的需要，制约了人们自由而全面的发展。

同时，从实践角度来看，观念文化贫困是人们在实践中表现和反映出来的一种文化贫困现象。观念文化贫困反映了人们实践中受到各种因素的作用以及自身个体因素的影响，是人们观念上所表现出来的一种落后、陈旧以及不适合实践需要的状态；观念文化贫困是人们的观念和意识在实践中的反映，其通过实践来进一步反映人们的观念和意识是否适合或符合实践的现实情况或需要，从而表现出的一种观念先进或落后的状态。同时，文化贫困本身也是实践的反映，是人们的文化水平、思想观念、价值取向等在实践中的反映，其通过实践来反映人们的文化水平、思想观念、价值取向等已经难以适合实践的发展需要和要求，与现实需要相偏离或脱离，从而反映出文化贫困的存在。可以看出，观念文化贫困与文化贫困一样，都可以在实践中得到反映和体现；而文化贫困的治理也将离不开具体实践。

（三） 思想文化贫困的内涵

思想文化贫困是文化贫困的重要构成维度。根据上文可知，本书所指的思想文化贫困特指人们的理性认识层面的思想形态的文化滞后或贫乏现象。可以看到，本书所指"思想文化贫困"中的"思想"特指人的理性认识，是人们在认识和改造世界的过程中所形成的对客观事物的本质和内在联系的理性认识，是人在认识过程的高级阶段中，通过对事物进行辨析、推理等而形成的对事物发展的理性认识的结果，是人经历从感性认识到理性认识所形成的认知结果①。思想文化贫困，意味着人们在认识和改造世界的具体实践中对事物发展的特征和规律及事物的本质和联系的理性认识的缺乏或不足，导致自身难以适应认识世界和改造世界的实践需要而表现出的一种思想和能力缺乏的文化状态。思想文化贫困本质上反映了人们对客观事物的发展规律、本质及其联系的认识的不足，也反映了人们自身的思想认识和能力的不足，难以或无法准确和深入地把握事物的本质及其内在联系，使其不能很好地适应经济社会发展的需要，从而表现出的一种思想形态的文化滞后或贫乏现象，这将制约着人们按照自然界的客观规律去认识世界和改造世界，制约着人们的思想和行为的发展，制约着人们自身的自由全面发展；同时也将导致人们难以更深入认识和把握事物发展的特点、规律、理论以及真理，难以将这些理论认识应用和结合到实践中并指导实践的深入开展，使得人们因受自身的思想认识的限制而无法深入地改造世界。

同时，从实践角度来看，思想文化贫困是人们在实践中表现和反映出来的一种文化贫困现象。思想文化贫困，既反映了人们实践中缺乏对事物的发展规律、本质及其联系的深入认识和把握，使人们认识世界和改造世界的实践活动受到极大的限制，又反映出人们实践中使用理论指导实践活动时存在着理论知识和能力不足的情况，这也说明了实践是检验人们思想正确与否及其认知程度、水平高低的途径，因此，可以通过实践来检验思想文化贫困的真实状况及程度。与此同时，思想文化贫困反映了人们的思想以及对事物的发展规律、本质及其联系的认识的缺乏或不足，既存在着对理论认知缺乏的现象，又存在着对理论与实践结合不足或相脱节的现象，迫切需要加大对思想文化贫困问题的

---

① 郑芸，孙其昂. 论思想政治教育学视角中的"思想"［J］. 河海大学学报（哲学社会科学版），2010，12（2）：17-20，89-90.

解决力度。由此可见，思想文化贫困是一种更深层次的对事物的本质及其联系认识不足的现象，要使人们的思想转变存在较大难度，需要加强其思想教育，转变其思想观念，促使人们对事物的认识从感性认识升华到理性认识，进而深化人们对事物的本质和规律的认识，深入把握事物的发展规律、本质及其联系，如此才能更好地摆脱人们自身传统的思想桎梏和限制，从而更好地实现人们自身自由而全面的发展。

（四）精神文化贫困的内涵

精神文化贫困是文化贫困的重要构成维度。根据上文可知，本书所指的精神文化贫困特指人们的精神文化需求层面的精神形态的文化滞后或贫乏现象。有学者认为，精神文化贫困与物质贫困相对应，与经济贫困、技术贫困等统一于贫困的多元结构模式。与此同时，精神文化贫困反映了文化要素与非文化要素对于人生存意义的均衡状态发生了失衡，非文化要素使人作为经济存在的意义和事实大于文化要素存在的意义和事实，这也意味着人过于注重经济利益而抛弃了精神家园①。还有学者指出，精神文化贫困，是人精神上的一种匮乏状态，反映了人们的精神境界和水平落后于社会整体的总体精神境界或平均水平的一种状态②。由此可见，精神文化贫困反映了人们因为精神生活内容和方式的落后或不足，难以满足自身的精神文化需求，而产生的一种精神空虚或匮乏现象，既反映了物质生活与精神生活之间的发展不平衡或不协调，从而导致物质和文化对人的生存意义或影响的失衡，又反映了人们的精神生活不够丰富或精神境界较低，或者重经济利益而轻精神文化需求的一种文化状态，最终都不利于人的精神文化需求的满足，不利于推动人的全面发展。

同时，从实践角度来看，精神文化贫困是人们在实践中表现和反映出来的一种文化贫困现象。精神文化贫困反映了人们在认识世界、改造世界的具体实践中所表现出来的一种精神匮乏现象，影响着人们认识和改造世界的广度、深度；精神文化贫困是人们在实践的检验中所表现出的一种精神匮乏问题或者精神文化需求得不到满足而产生的一种精神贫乏状态，并制约着人们去认识世界和改造世界。总之，精神文化贫困突出反映了人的精神文化需求得不到有效满足，

① 王列生. 文化的贫困与文化的解困 [J]. 粤海风，2000（2）：4 – 6.
② 王爱桂. 从精神贫困走向精神富裕 [J]. 毛泽东邓小平理论研究，2018（5）：44 – 50，107.

与社会的总体状况或平均水平存在着较大的差距。甚至有学者指出，精神文化贫困的一个直接表现就是人们的社会满足程度的下降①。整体而言，精神文化贫困反映了人们的精神文化需求的缺失或得不到满足，是一种精神匮乏现象。

二、乡村振兴进程中农民文化贫困治理的本质要求

农民文化贫困是观念、思想和精神等形态的文化滞后或贫乏现象。在乡村振兴进程中，农民文化贫困是一个中国特色社会主义可以解决的思想政治教育问题，由此也充分体现了中国特色社会主义制度的优越性。与此同时，通过加强对农民文化贫困的治理，可以有效地推动农民思想观念的现代化转换，全面消除社会排斥现象，全面夯实农民现代化的文化基础，实现农民的自由而全面发展，这是乡村振兴进程中推动农民文化贫困治理的本质要求。

（一）体现社会主义制度的优越性

根据社会形态的不同类型，可以将当前农民文化贫困划分为资本主义社会的文化贫困和社会主义社会的文化贫困两种类型。其中，在资本主义社会，农民文化贫困这个问题是无法解决的，反映了资本主义社会资本家与农民之间的剥削与被剥削关系，这种关系是随着资本主义社会的产生而产生，随着资本主义社会的灭亡而灭亡，而资本家和农民之间的矛盾和冲突就是资本主义制度的生成结果，两者之间的关系是不可调和的，农民始终无法摆脱被剥削和被压榨的命运，其也就不可能从根本上摆脱文化贫困，同时资本家的剥削和压榨本性也不会允许农民在资本主义制度中实现自由而全面的发展，否则，资本家的剥削和压榨机器就无法运转，无法通过剥削农民获得更多的剩余价值。因此，在资本主义社会，农民文化贫困这个问题是无法解决的。当然，不可否认的是，在资本主义社会，农民进城参与工业企业的生产劳动而成为工人，并接触了现代化的城市、工厂、企业、管理技术和经验，其思想和观念受到现代化社会和环境的影响而发生了改变，其文化贫困程度可能会有一定的改善，但受制于资

---

① 王怡，周晓唯．习近平关于精神扶贫的相关论述研究 [J]．西北大学学报（哲学社会科学版），2018，48（6）：53－60．

本主义的剥削制度，资本家通过资本等形式控制了国家机器，农民阶级和工人阶级是无法实现真正的自由以及自身的自由全面发展的，其观念文化贫困、思想文化贫困以及精神文化贫困等问题将长期存在，资本主义制度无法给予农民摆脱文化贫困的机会和条件，这也表明了资本主义制度无法解决农民的文化贫困问题。

但是，在社会主义社会，农民文化贫困的问题是可以解决的，这充分体现了社会主义制度的优越性，并有别于资本主义社会的文化贫困现象和问题。社会主义的本质是"解放生产力，发展生产力，消灭剥削，消除两极分化，最终达到共同富裕"。在中国特色社会主义社会，在中国共产党的领导下，人民翻身成为国家的主人，而且党和政府始终坚持以人民为中心的发展思想，把切实实现好、维护好、发展好最广大人民的根本利益放在重要位置，强调要为人民谋幸福，努力增加人民的福祉，进而实现共同富裕的发展目标，这为解决农民文化贫困现象和问题奠定了重要的政治基础、制度基础和物质基础。与此同时，中国特色社会主义制度具有集中力量办大事的优势，能够集中力量不断推动农村的政治、经济、社会、文化、生态等不断向前发展，能够吸收人类一切优秀文明和成果为社会主义发展所用，这充分体现了中国特色社会主义制度的优越性，也是资本主义制度所无法比拟的；而且中国共产党团结和带领全国人民取得了脱贫攻坚战的全面胜利，消灭了绝对贫困，全面建成了小康社会，这都充分体现了坚持中国共产党领导的显著优势以及中国特色社会主义制度的优越性，党和政府能够集中一切力量办大事，能够较好地解决文化贫困问题。因此，农民文化贫困现象和问题在资本主义社会是无法解决的，但是在社会主义社会则是可以解决的，是社会主义制度优越性的体现。

（二）实现农民思想观念的现代化转变

文化贫困涵盖观念文化贫困、思想文化贫困和精神文化贫困等内容，反映了人们的现代化的思想、观念、意识以及精神需要的匮乏，表明了人们的思想意识和精神需求与现实经济社会发展仍不相适应或不完全适应，甚至发展滞后于社会生产力的发展需要，从而表现出的一种现代化的观念、思想和精神等形态的文化滞后或贫乏现象。因此，农民文化贫困，实际上反映了农民自身的文化水平、思想观念仍比较落后或滞后于社会先进生产力的发展需要，以及精神层面的文化需求仍得不到有效满足的现象，最终使农民自身的发展与乡村振兴的发展需要不相适应，并与将其打造成现代新型职业农民的目标仍有较大的差距，进一步说明了要不断加大农民的现代化观念、理念的改进力度，然而，文化贫困又是农民面临的制约自身发展的深层次、隐藏较深的文化问题，只有不断加大农民现代化的思想和观念的培育力度，深入推动农民的思想观念的现代化转变，才能更好地推动和实现农民全面而自由的发展。

总的来说，农民文化贫困突出反映了农民的思想观念、思维和行为与现代化的思想观念、思维和行为存在着较大的差距，是农民现代化的思想观念匮乏的表现，其落后或滞后的思想观念、思维和行为制约其自身的全面发展，而且其自身发展遭受限制也会反过来加剧其思想观念的滞后或贫乏状况，导致农民难以从根本上摆脱文化贫困的约束，并使其自身的思想、观念和精神等长期处于滞后或贫乏的状况。而农民文化贫困的现象和问题，既与农民自身的文化水平、思想观念等因素密切相关，也与农村的社会生产力发展密切相关，生产力决定生产关系，社会存在决定社会意识，农民思想观念的现代化转变也将受到农村社会生产力发展的影响和制约。只有加快推动农村社会生产力的发展，将农民自身的发展置身于农村的生产力发展当中，将农民自身的能力发展与农村的生产力发展结合起来，才能更好地在农村社会生产力发展当中深入推动农民的思想观念的现代化转变。

（三） 全面消除农村的社会排斥现象

农民文化贫困，不仅反映了农民在思想、观念、意识等方面的文化滞后或贫乏现象，同时也反映了农民发展能力的不足，不仅使其在现代社会当中，在融入市场经济发展和现代化的社会文化交往当中面临着较大的挑战，也使其在社会发展中获得的发展机会相对较少，最终导致自身的全面和可持续发展面临着较大的发展困境。阿马蒂亚·森（Amartya Sen）在其著作《以自由看待发展》中指出，"贫困应该被看作人的基本可行能力的被剥夺，而不仅仅体现在收入低下方面，并且可行能力被剥夺反映了人自身的固有的重要性被剥夺，还有其他因素影响到了人的可行能力被剥夺①。"农民文化贫困本质上也是农民因自身发展能力和机会不足面临的一种被社会排斥的现象和问题，导致其难以较好地融入现代化的社会交往中以及难以有效抓住各种发展机会，制约了农民

---

① 阿马蒂亚·森. 以自由看待发展 [M]. 北京：中国人民大学出版社，2012：85 - 86.

自身的可持续发展。当然，这种社会排斥现象存在的主因并非由制度因素造成的，而主要是由农民自身发展能力不足造成的，并致使其失去各种能够有效实现自我发展的机会。

可以看出，农民文化贫困反映了农民不能或难以较好地融入现代化的社会交往当中，其面临着被社会排斥的问题，表明其在融入社会交往的过程中会受滞后的思想、观念、意识、精神等形态的文化的影响，导致其难以有效适应社会交往的现实需要，并导致社会交往失衡情况的发生；也反映了农民存在被排斥的情况，这主要还是受农民自身的思想观念等文化因素影响造成的。因此，只要从根本上消除农民消极的、落后的文化因素的影响和制约，改变其思想文化观念，提升其文化水平和素养，其遭受的社会排斥也将会被消除，其也将获得更多的实现自我全面发展的机会。与此同时，这种排斥的存在，将随着农民文化贫困的存在而存在，随着农民文化贫困的消失而消失。因此，全面消除社会排斥，既是消除农民文化贫困的内在要求，也是实现农民精神生活共同富裕和实现农民自由而全面发展的客观需要及现实要求。

（四）全面夯实农民现代化的文化支撑

导致农民文化贫困的一个重要原因是农民现代化的文化支撑不足。推动农民现代化的文化支撑不足，突出表现为农村公共文化设施体系不健全、农村公共文化服务供给和保障不足、农村文化发展制度体系不健全、农村公共文化发展水平不高等，同时也将制约着农民自身文化知识水平的提高以及农民自身的精神文化需求的满足等，致使农民现代化面临着较大的现实困难，同时也会一定程度上加剧农民文化贫困，最终制约着农民自身的可持续发展和现代性转换，并且反过来又会影响农民现代化的文化支撑的增强，并形成一个内在的恶性循环。在乡村振兴进程中，全面夯实农民现代化的文化支撑，是加强农民文化贫困治理的必要要求。为此，要深入推动农村优秀传统文化的现代性转化和创新性发展，加强对乡村优秀传统农耕文化的保护和开发，加大对乡村古村落、传统村落、特色村寨、古民居、乡村文物、文化遗产等的挖掘和保护力度，引导农民和社会各界积极传承和弘扬优秀传统乡土文化，加大乡村传统民族文化活动、节庆活动的支持和宣传力度，推动农村优秀传统文化与城镇现代文明的有机融合，加大对乡村文化广场、文化中心、文化站、文化工程的建设和支持力度，推动乡村特色文化产业发展，以及加大乡村群众性文化活动的支持力度，进一步推动乡村文化事业的繁荣发展，夯实农村地区的文化发展支撑，不断满足广大农村地区农民的多样化、差异化精神文化需求。与此同时，要引导农民积极学习和践行社会主义核心价值观，深入推动农村移风易俗，引导农民崇尚科学、反对迷信，加大文明家庭、文明村镇的建设和支持力度，加强农村家风、乡风、民风的建设，引导农民崇尚良好的文明风尚，深入推动乡村文化振兴，为农民文化贫困治理夯实乡村文化发展支撑。

总的来说，农民文化贫困现象与农民现代化的文化支撑的不足密切相关，并直接影响农民的文化水平提升、思想观念改变、精神文化需求满足等。若实现农民现代化的文化基础和条件比较薄弱，会对农民的文化认知程度和水平的提升产生较大的影响，例如针对生活和居住在农村偏远落后地区的农民而言，这些地区的大多数农民的文化水平要相对低一些，且其文化贫困程度也相对要深一些，这就是一个典型的例证。与此同时，即使农民具有相对较好的物质基础，如果实现农民现代化的文化支撑不足，也会导致其存在一定的精神匮乏等问题。因此，需要从农村文化发展的基础设施建设、文化发展环境营造、优秀传统文化传承和弘扬、历史文物的挖掘和保护、思想文化活动开展等方面，并依托现代各种信息技术、智能技术和数字技术，推动农村文化产业的转型升级和繁荣发展，全面夯实农村的文化发展支撑，如此才能更好地为推动农民现代化夯实文化支撑，不断推动农民思想观念的现代性转换和创新性发展，不断满足农民日益增长的精神文化需要，推动农民更好地实现自由全面发展。

（五）实现农民的自由而全面发展

农民文化贫困，是一种制约农民实现自由而全面发展的农民自身的文化滞后或贫乏状态，其不仅会导致物质层面的资源和资料贫乏，更是人的文化层面的思想、观念和精神等形态的文化滞后和贫乏状态。突出表现为人的思想、意识、观念以及精神需要滞后于社会生产力的发展要求，并导致农民自身的生存和发展受到极大的制约，无法满足农民自身实现自由而全面发展的现实需要，这就要求不断改变农民自身的文化滞后或贫乏状态。只有消除农民文化贫困，才能使农民获得更多的社会资源和发展机会，打破制约农民发展的桎梏，不断推动农民的可持续发展并创造更多更好的发展机会，实现其自由而全面的发展。与此同时，农民文化贫困是一种制约农民自身自由而全面发展的文化滞后或贫乏状态，而农民由于受到物质基础、文化等多种因素的影响，实现其全面自由发展受到较大的制约，并且农民的物质基础、文化发展等因素的改进又受到外部环境尤其是制度法规、文化环境等因素的共同影响，因此，要消除农民文化贫困面临着较大的挑战，其困难和复杂程度比经济和物质层面的贫困状态尤甚，同时也使实现农民的自由全面发展面临着较大的困难和挑战。

人民群众是历史的创造者，要实现农民自由而全面发展，就必须要切实尊重人民群众的主体地位，始终把实现好、维护好和发展好广大农民的根本利益作为农民文化贫困治理的出发点和落脚点，着力解决广大农民关心的现实问题、利益问题，深入推动农民向现代农民转变，充分保障和满足农民的精神文化需求，推动农民更好地实现自由而全面的发展。事实证明，农民对美好幸福生活的追求越强烈，其发展的愿望和驱动力就越强劲，因此要实现乡村振兴，就离不开广大农民的积极参与及其作用的发挥，必须充分发挥农民的积极性、主动性和创造性，这都要求加强对农民的文化贫困治理，推动农民的思想观念实现现代化转变，推动农民向现代农民转变，推动农民实现自由而全面发展，如此才能更好地实现乡村振兴。因此，切实解决农民关心的利益问题，尊重农民，关心农民，保障农民的根本利益，推动农民实现自由而全面发展，是乡村振兴进程中推动农民文化贫困治理的必然要求。

三、乡村振兴进程中农民文化贫困治理的实践逻辑

接下来，主要从农民文化贫困治理的物质基础、制度保障、根本要求、题中之义、内在要求和根本目的等角度，对农民文化贫困治理的实践逻辑进行深入的探讨，以为深入推进农民文化贫困治理提供理论和现实指导。

（一）发展乡村先进生产力是农民文化贫困治理的物质基础

推动农村先进生产力的发展，有利于进一步解放和发展农村的社会生产力，提高农村的社会生产力发展水平，夯实农村的经济基础，更好地满足农民对物质和精神文化的需要，为农民摆脱文化贫困奠定坚实的物质基础。造成农民文化贫困的一个很重要原因就是物质生产资料和生活资料的缺乏，经济物质基础薄弱就会导致农民在生产和生活中难以有效发挥其生产和生活的积极性、

主动性和创造性，其社会行动和交往就会受到极大的限制，显著后果就是农民的自我发展能力的提升受到极大的影响，其自身的文化水平、思想观念以及精神需要的改善也会受到极大的限制，使其难以有效适应现代经济社会发展和农业农村现代化的需要。与此同时，农民的文化水平不高以及思想观念、思维方式发展滞后又反过来制约农村先进生产力的发展，导致农村经济社会发展始终处于落后的状态，城乡差距逐渐拉大等问题依然存在。从发展伦理的视角来看，文化贫困本身也是发展权利或能力的不足，如果将贫困与富裕看作两个极端，那么，发展就是从贫困过渡到富裕的一个过程，但如果发展得不到有效满足，就会产生贫困。① 因此，进一步推动农村先进生产力的发展，是解决农村各种经济社会问题的重要钥匙，也是进一步提升农民的文化水平，以及改善农民的思想观念、思维方式和精神需要，进而解决农民的文化贫困问题，消除农民文化贫困，不断满足农民的物质和精神文化需要的重要途径。

（二）创设良好制度环境是农民文化贫困治理的制度保障

良好的制度环境是深入推进农民文化贫困治理的重要制度保障。农民文化贫困的存在，使农民的文化水平以及其思想观念、思维方式以及精神需要等方面均与社会的生产力发展要求存在着较大的差距，这也导致其在融入社会交往的过程中难免遇到各种困难和发展障碍。因此，需要为农民融入社会创设良好的制度环境和条件，构建完善的制度体系，制定和出台各种惠农政策，为农民融入经济社会发展、共享经济社会发展和改革成果提供良好的制度环境，这也是破解农民文化贫困问题的重要途径。只有构建完善的制度体系，为农民融入社会创造良好的制度环境，使农民乐于改变自己、提升自己；同时在经济和社会交往过程中，推动农民不断提升自身的文化水平，积极转变农民自身的思想观念，不断提升自身的发展能力和就业竞争力，使农民自身积极融入经济社会发展，促使自身得到更好的发展，才能让广大农民更好地摆脱文化贫困，才能使其自身的发展更好地与国家经济社会发展需要相适应，更好地实现自身自由而全面的发展。此外，进一步完善农村的公共文化服务制度体系，增加对农村的公共文化资源建设支持，深入推进文化惠民工程建设，为广大农民提供更多的精神文化产品和服务，以更好地满足农民的精神文化需要，推动农村农民的

---

① 王玲玲，冯皓. 发展伦理探究［M］. 北京：人民出版社，2010：152.

精神面貌的改善。为此，需要创设良好的制度环境，以更好地激发农民的主体性、能动性和创造性，不断推动农民从思想观念、思维方式、行为方式等方面实现现代化转变，进而不断增强农民自身发展的思想自觉和行动自觉，切实解决农民的文化贫困问题，推动农民实现自由而全面的发展。

（三）解放农民思想观念是农民文化贫困治理的根本要求

农民的思想文化水平总体上不高，其思想观念、思维方式的发展还有些滞后，精神文化需要得不到有效满足，与现代经济社会发展的需要仍不相适应。因此，推动农民思想观念的解放，用现代化的思想和理念来武装农民的头脑，有利于进一步解放农民的思想观念，改变农民落后的思想观念，推动农民的思想观念与现代化的思想和理念相衔接、相适应，不断解放农民的思想观念，着力提升农民的文化水平，深入推动农民思想的现代化转变，缩小其思想观念与现代思想和理念之间的差距，以更好地适应农业农村现代化的需要。只有农民的思想观念发生转变，实现思想解放，才能有效打破落后的思想观念和思维方式等的发展桎梏，有效抵挡各种消极的思想观念和文化的侵蚀，最终成为拥有现代化思想和观念的新农民，才能从根本上消除其自身的文化贫困，才能在经济社会发展中更好地实现自由而全面的发展。因此，需要发挥社会主义核心价值观的引领作用，强化对农民的社会主义核心价值观教育，加强对农民的思想道德教育，并从思想教育、实践养成、制度保障等方面深入推进农民的社会公德、职业道德、家庭美德、个人品德等的建设，推动农民向现代农民转变，以更好地适应乡村振兴的需要，成为新时代乡村振兴的重要推动者、建设者和成果享有者；通过传承、保护和发展农村优秀传统文化，深入挖掘农村优秀传统文化中的优秀文化思想与道德规范，借以加强对农民的思想道德教育，以更好地凝聚农民的精神力量和思想力量，改善农民的思想观念、道德素质及价值取向，推动农民自身的可持续发展；深入开展移风易俗活动，加大农村的精神文明建设力度，改变陈规陋习，引导农民树立良好的乡村文明新风尚。只有不断用现代的、积极的、正确的思想观念、理论、文化和价值观来武装农民的思想和头脑，不断解放农民的思想观念，才能更好地转变农民的思想观念，推动农民向现代农民转变，才能使其成为拥有现代化的思想和理念以及适应乡村振兴发展需要的现代农民。

（四） 培育现代化新农民是农民文化贫困治理的题中之义

培育一批与乡村振兴时代发展需要相适应的现代化新农民，是破解农民文化贫困问题的重要途径。农民的思想、观念等滞后，也会导致其受传统的、落后的思想观念的影响也较深，并且在农村经济社会发展水平比较低下的环境下，改善和转变农民的思想观念面临着较大的难度，解放农民思想观念的现实基础和条件仍比较薄弱，因此迫切需要在推进乡村振兴的过程中加强农民的思想教育，进一步解放农民的思想观念，引导农民积极摆脱自身的思想桎梏，创新和改善农民自身的思想观念，摆脱文化贫困的约束，推动农民把自己发展成爱农业、懂技术、善经营的现代新型农民，使其思想和观念能够跟得上乡村振兴的时代发展需要，进而让农民更好地参与到农业农村现代化建设中，共享经济社会发展的改革成果，更好地实现农民自身的自由全面发展。

因此，加快现代化新农民培养，对乡村地区的农民队伍建设和职业教育培训等工作提出了新的要求。第一，需要加强农村的引才建设，制定现代化新农民的发展措施，鼓励城镇人员、流动到城镇就业的农村劳动力以及新就业的毕业生等到农村地区就业创业，不断壮大农业农村的从业队伍，以此更好地发挥其示范引领作用，推动农民不断向身边的榜样学习，发挥"传帮带"作用，不断提升农民群体的文化素养；第二，加快推动农村地区的职业教育发展，健全常态化的农民职业技能培训体系，加强爱农业、懂技术、善经营的复合型农业人才培养，推动农业职业教育的常态化发展，为农民创造更多的专业技能培训课程和思想政治教育培训课程，健全常态化的农民教育培训体系，为把更多的农民培养成现代化新农民提供更多的培训和发展基础；第三，围绕培育现代化新农民的目标，按照农业农村现代化的发展要求，遵循市场经济发展和人才成长的规律，注重培养具有现代化思想观念和综合性技能的现代化新型农民，以更好地适应农业农村现代化的发展需要。通过发挥职业教育、教育培训、示范引领和"传帮带"作用，不断提高农民群体的思想道德素养和文化水平，加快培育现代化新农民，推动乡村农民向现代农民转变，更好地适应乡村振兴的需要，更好地解决农民的文化贫困问题。

（五） 发挥农民首创精神是农民文化贫困治理的内在要求

马克思、恩格斯指出，人民群众是历史的创造者。2015 年，习近平在中共中央政治局第二十二次集体学习时强调，要坚持不懈推进农村改革和制度创新，充分发挥亿万农民主体作用和首创精神，不断解放和发展农村社会生产力，激发农村发展活力。① 要善于发挥农民的主体作用和首创精神，充分发挥人民群众的积极性、主动性和创造性，增强农民的自我发展能力，切实发挥人民群众的历史创造者的价值和作用，创造条件让人民群众充分发挥和实现其价值，让其积极参与到经济社会的发展中来，这可以更好地转变农民落后的思想观念，推动其自我发展能力的提升，更好地实现农民自身的价值目标和追求，推动其在不断满足自身的物质和精神文化需求的同时，积极摆脱文化贫困的束缚，这既推动了农民自身的思想观念的解放，又满足了自身的长远发展需要。因此，要充分发挥人民群众是历史的创造者的作用，充分发挥农民的主体作用和首创精神，坚持以人民为中心的理念，切实增强农民自身的发展能力，充分发挥其积极性、主动性和创造性，让其更好地适应现代经济社会的发展需要和现实需要，更好地实现农民自身的价值目标追求及其可持续发展。

与此同时，在乡村振兴的过程中，加强农民文化贫困治理，需要解决农民的观念文化贫困、思想文化贫困和精神文化贫困问题，提升农民的思想道德素质和文化水平，增强农民的自我发展能力，让农民在乡村振兴进程中有更多的获得感、幸福感和安全感，推动农民实现自由而全面的发展，这正是坚持以人民为中心的理念，切实解决好、维护好广大农民最关心的根本利益的现实体现，同时也可以更好地维护和尊重农民的主体地位，切实坚持人民是历史的创造者的思想，把维护好广大农民的根本利益放在更加突出的位置，更好地激发广大农民的积极性、主动性和创造性，让广大农民成为新时代乡村振兴的参与者、建设者和成果共享者，从而更好地推动农民向现代农民转变，更好地提升农民的思想道德素质和文化水平，更好地推动农民实现自由而全面的发展。

（六）推动农民全面发展是农民文化贫困治理的根本目的

马克思、恩格斯在《共产主义与人的自由全面的发展》中指出，实现人的自由全面发展是共产主义社会所追求的，而要实现个人的自由全面发展，只有当他能驾驭在外部的世界中个人所起到的实际作用的时候，实现人的全面发

---

① 新华网. 习近平主持中共中央政治局第二十二次集体学习 [EB/OL]. http：//www. xinhuanet. com/politics/2015 – 05/01/c_1115153718. htm. 2015 – 05 – 01.

展才能够在实践中实现，而不是存在于想象当中。① 因此，实现农民自由而全面的发展，是解决农民文化贫困问题的核心价值追求。只有解决农民的文化贫困问题，转变农民的思想观念，推动农民向现代农民转变，不断增强农民的自我发展能力，为农民实现自由而全面的发展创造有利的条件，充分发挥农民的积极性、主动性和创造性，使其在经济社会发展中积极发挥其主动性与创造性，更好地创造和享有其自身的劳动成果，才能更好地使其实现自身自由而全面的发展，切实维护广大农民的根本利益，更好地实现农民自身的价值追求。

要推动农民实现自由全面发展，需要重视并解决农民观念、思想和精神等层面的文化滞后或贫乏问题，只有从根本上推动农民的思想观念实现现代化转变，解决农民的文化贫困问题，推动农民更好地适应乡村振兴的需要，成为乡村振兴的参与者、推动者和成果共享者，才能更好地激发农民的主体性，更好地推动农民积极参与到乡村振兴中来并在乡村振兴中更好地实现其自由全面发展，乡村振兴也离不开农民的积极参与，最终推动农民实现自由而全面的发展。与此同时，要推动农民的文化贫困问题解决，推动农民向现代农民转变，推动农民实现自由而全面的发展，需要切实解决农民关心的利益问题，推动农民实现自我发展，如此才能为农民文化贫困问题的解决找到根本出路，才能更好地为推动农民实现自由全面发展提供可行的实现途径。实现农民自由而全面的发展，是解决农民文化贫困问题，让农民更好地创造自己价值的重要追求，也是推动农民更好地实现自己人生价值目标的重要体现。

四、本章小结

为深入研究文化贫困的内涵及其特点，本章将文化贫困划分为观念文化贫困、思想文化贫困、精神文化贫困三个方面。其中，观念文化贫困特指人们的感性认知层面的观念形态的文化滞后或贫乏现象；思想文化贫困特指人们的理性认知层面的思想形态的文化滞后或贫乏现象；精神文化贫困特指人们的精神文化需求层面的精神形态的文化滞后或贫乏现象。同时，一方面，从感性认识、理性认识角度来区分观念文化贫困、思想文化贫困之间的界限，可以有效区分观念文化贫困、思想文化贫困之间的内涵和区别，可以更好地深入研究文

---

① 马克思，恩格斯. 德意志意识形态（节选本）[M]. 北京：人民出版社，2018：119.

化贫困问题；另一方面，在文化贫困的具体表现中，依据某一种思想、观念、精神的内涵和外延的主要构成情况，将其纳入相应的观念文化贫困、思想文化贫困、精神文化贫困等类别当中，以便更好地深化对文化贫困问题的研究。因此，在本书中，采用系统化、科学的、合理的原则和方法进行研究，将文化贫困划分为观念文化贫困、思想文化贫困、精神文化贫困三个方面，进而对文化贫困的类型及其内涵进行深入研究，可以有效深化对文化贫困问题的研究。

与此同时，彰显中国特色社会主义制度的优越性，推动农民思想观念的现代化转变，全面消除社会排斥现象，全面夯实农民现代化的文化支撑，实现农民的自由而全面发展，这些都是乡村振兴进程中农民文化贫困治理的本质要求。与此同时，发展农村先进生产力，创设良好的制度环境，进一步解放农民的思想观念，着力培育现代化新农民，更好地发挥农民首创精神，最终实现农民自由全面发展等，则是乡村振兴进程中农民文化贫困治理必须遵循的实践逻辑。

第三章　乡村振兴进程中农民文化贫困
及治理的现状调查
——以广西农村为例

　　为深入探讨农民的文化贫困问题，本章结合问卷调查分析法、定性分析法、定量分析法、归纳分析法、系统分析法等方法，以广西农村为例，对乡村振兴进程中农民的文化贫困及其治理状况进行了深入的调查研究。结合SPSS19.0软件，对问卷调查结果进行相关实证分析，验证研究结果的合理性，进一步探讨乡村振兴进程中农民文化贫困及治理的现实状况。

一、农民文化贫困及治理的调查结果分析

（一）问卷概况

　　为了更好地进行研究，本书设置了调查问卷，调查对象主要是在广西各地区农村出生、成长的人员以及在农村基层从事政府工作的人员，调查时间为2021年。由于农民的居住地点比较分散且受到农民自身文化水平的影响，因此农民的调查主要采用访谈法、实地调查等方式，以深入了解农民的思想文化状况。本次问卷调查共发放和收回调查问卷596份，其中有效调查问卷596份，问卷的有效性达到100％。为进一步对问卷调查结果进行深入分析，采用SPSS19.0软件对量表型、非量表型问卷题目的调查结果进行频率分析、描述性分析、信度分析、效度分析和相关分析，以便深入分析调研结果的有效性及深入挖掘农民文化贫困及治理存在的深层次问题及其背后的原因。

（二）频率分析结果

1. 调查对象分布的频率分析

从表3-1可以看出，在调研对象中，首先，玉林市、桂林市、贵港市的有效百分比分别为15.1%、11.6%、10.7%，其次，南宁市、梧州市、北海市、来宾市、柳州市、百色市、钦州市、河池市、贺州市的有效百分比均介于5%~8%；最后，防城港市、崇左市的有效百分比介于2%~4%。总体而言，调查对象基本涵盖了广西的各地级市，调研对象的地区分布相对较合理。

表3-1　关于"请问您的家乡是在广西的哪个地级市?"的调查频率分布

地区	频数	有效百分比（%）	累积百分比（%）
南宁市	46	7.7	7.7
柳州市	36	6.0	13.8
桂林市	69	11.6	25.3
梧州市	41	6.9	32.2
北海市	41	6.9	39.1
防城港市	21	3.5	42.6
钦州市	34	5.7	48.3
贵港市	64	10.7	59.1
玉林市	90	15.1	74.2
百色市	35	5.9	80.0
贺州市	32	5.4	85.4
河池市	33	5.5	90.9
来宾市	37	6.2	97.1
崇左市	17	2.9	100.0
合计	596	100.0	

2. 农民文化贫困的总体情况

从表3-2可以看出，在关于"您认为目前家乡农民的思想道德观念状况符合国家经济社会发展的现实需要吗？"的调查中，选择"非常符合"的有效百分比为14.6%，选择"比较符合"的有效百分比为33.7%；选择"一般"的有效百分比为36.9%，选择"不太符合"的有效百分比为12.9%，选择"不符合"的有效百分比为1.8%。因此，由问卷调查结果可知，一部分农民的思想道德观念已经非常符合或比较符合国家经济社会发展的现实需要，这部分农民的思想观念的现代性也相对更强，其文化贫困程度相对较弱；但是，我们也要看到，也有一部分农民思想道德观念与国家经济社会发展的现实需要仍存在一定的差距，其在符合国家经济社会发展的现实需要方面表现为一般或不太符合，这部分农民的思想观念较传统农民的思想观念有了较大的改进，其思想观念已经不再保守、封闭、落后，但是与其成为一名现代农民仍有较大差距，这部分农民的文化贫困程度要相对深一些。此外，还有极少数农民的文化贫困程度要相对更深一些，这部分农民虽然在物质生活方面脱离了绝对贫困，但是其思想观念仍保守和落后一些，精神文化需要仍得不到有效满足，在促使其成为一名现代农民方面面临的困难要更大一些。

表3-2　　　关于"您认为目前家乡农民的思想道德观念状况符合
国家经济社会发展的现实需要吗？"的调查频率分布

类型	频数	有效百分比（%）	累积百分比（%）
A. 不符合	11	1.8	1.8
B. 不太符合	77	12.9	14.8
C. 一般	220	36.9	51.7
D. 比较符合	201	33.7	85.4
E. 非常符合	87	14.6	100.0
合计	596	100.0	

3. 观念文化贫困的基本情况

接下来，分别从现代观念、主体性意识觉醒、时代精神弘扬、"四德"观念四个角度，对农民观念文化贫困的基本情况进行分析。调研结果显示，一部分农民的观念文化贫困程度相对较弱，也反映了其思想观念的现代化程度相对较高；可是，仍有一部分农民的观念文化贫困程度要相对深一些，其思想观念的现代化程度相对较差，仍需进一步增强；此外，还有极少数农民的观念文化贫困程度相对更深一些，其思想观念的现代化程度很低，其向现代农民转变面临着较大的发展困境。

首先，从表3-3可以看出，在现代观念方面，在关于"您认为家乡农民具有科学、平等、公正、法治等现代观念的程度如何？"的调查中，选择"非常好"的有效百分比为12.9%，选择"比较好"的有效百分比为29.7%，选择"一般"的有效百分比为45.0%，选择"比较差"的有效百分比为11.2%，选择"很差"的有效百分比为1.2%。因此，根据问卷调查结果可知，一部分农民具有较好的现代化思想观念，其能够较好地适应农业农村现代化的需要，也是实现乡村振兴的重要示范引领力量。与此同时，也有一部分农民的思想观念的现代性仍较差，有较大的提升空间，因此，为进一步推动乡村振兴，还需要进一步加强这部分农民的现代化的思想观念的培育。此外，还有少量农民的现代化观念仍较缺乏，这部分农民的思想观念相对比较保守，在推动其思想观念的现代化转变过程中面临着较大的挑战。

表3-3　　　　关于"您认为家乡农民具有科学、平等、公正、法治等现代观念的程度如何？"的调查频率分布

类型	频数	有效百分比（%）	累积百分比（%）
A. 很差	7	1.2	1.2
B. 比较差	67	11.2	12.4
C. 一般	268	45.0	57.4
D. 比较好	177	29.7	87.1
E. 非常好	77	12.9	100.0
合计	596	100.0	

再次，从表3-4可以看出，在主体性意识觉醒方面，在关于"您认为家乡农民在解决各种问题和纠纷时表现出来的主动性、能动性和创造性怎么样？"

的调查中，选择"非常好"的有效百分比为11.2%，选择"比较好"的有效百分比为29.9%，选择"一般"的有效百分比为44.0%，选择"比较差"的有效百分比为12.9%，选择"很差"的有效百分比为2.0%。因此，根据问卷调查结果可知，一部分农民在解决各种问题和纠纷时表现出来的主动性、能动性和创造性相对比较好或非常好，这部分农民善于发挥自身的主动性、能动性和创造性，其在参与乡村振兴的过程中所取得的发展成效也相对较为明显。与此同时，也有一部分农民在解决各种问题和纠纷时表现出来的主动性、能动性和创造性相对较差，他们不善于发挥自身的主动性、能动性和创造性，从而在处理各种问题和纠纷时常处于被动的局面，难以积极、有效、主动地解决各种问题及化解各种矛盾和纠纷。此外，也有极少数农民在解决各种问题和纠纷时表现出来的主动性、能动性和创造性很差，这是受其思想观念、文化水平、家庭因素等各种因素共同作用的结果，需要进一步激发这部分农民的主体性意识，激发其主动性、能动性和创造性，推动其更好地参与到乡村振兴中来，并更好地实现其自由全面发展。

表 3 – 4   关于"您认为家乡农民在解决各种问题和纠纷时表现出来的主动性、能动性和创造性怎么样？"的调查频率分布

类型	频数	有效百分比（%）	累积百分比（%）
A. 很差	12	2.0	2.0
B. 比较差	77	12.9	14.9
C. 一般	262	44.0	58.9
D. 比较好	178	29.9	88.8
E. 非常好	67	11.2	100.0
合计	596	100.0	

再次，从表3-5可以看出，在时代精神弘扬方面，在关于"您认为家乡农民在改革创新、开拓进取等方面的精神表现如何？"的调查中，选择"非常好"的有效百分比为11.6%，选择"比较好"的有效百分比为27.9%，选择"一般"的有效百分比为46.6%，选择"比较差"的有效百分比为12.1%，选择"很差"的有效百分比为1.8%。因此，根据问卷调查结果可知，一部

分农民有着较好的改革创新、开拓进取等方面的精神，并可以在乡村振兴中起到较好的带头示范作用。但是，也有较大的一部分农民在改革创新、开拓进取等精神方面表现一般或比较差，需要加大对其进行教育培训和引导力度，进一步激发其改革创新、开拓进取等方面的观念和意识，引导其敢于投身到推动农业农村的现代化中。此外，也有极少数的农民相对比较缺乏改革创新、开拓进取的精神，他们满足于现状，对突破现状缺乏足够的信心、能力和勇气。

表3-5　　　　关于"您认为家乡农民在改革创新、开拓进取等方面的精神表现如何?"的调查频率分布

类型	频数	有效百分比（%）	累积百分比（%）
A. 很差	11	1.8	1.8
B. 比较差	72	12.1	13.9
C. 一般	278	46.6	60.6
D. 比较好	166	27.9	88.4
E. 非常好	69	11.6	100.0
合计	596	100.0	

最后，从表3-6可以看出，在"四德"观念方面，在关于"您认为家乡农民近年来在'四德'（社会公德、职业道德、家庭美德、个人品德）方面有弱化表现吗?"的调查中，选择"存在"的有效百分比为30.9%，选择"不存在"的有效百分比为29.7%，选择"不清楚"的有效百分比为39.4%。因此，根据问卷调查结果可知，一部分农民有着较好的社会公德、职业道德、家庭美德和个人品德，其"四德"并未出现弱化的现象，这部分农民一般都能够自觉遵守各类道德规范和行为准则。同时，也有一部分农民在社会公德、职业道德、家庭美德和个人品德等方面有一些弱化的表现，这是受市场经济、外来文化等多种因素的共同影响，相对比较缺乏严格的道德监督和约束，致使其思想道德出现一些弱化或道德滑坡，需要进一步加强其社会主义核心价值观以及优秀传统文化等方面的教育。

表 3-6　关于"您认为家乡农民近年来在'四德'（社会公德、职业道德、
　　　　家庭美德、个人品德）方面有弱化表现吗?"的调查频率分布

类型	频数	有效百分比（%）	累积百分比（%）
A. 存在	184	30.9	30.9
B. 不存在	177	29.7	60.6
C. 不清楚	235	39.4	100.0
合计	596	100.0	

4. 思想文化贫困的基本情况

接下来，分别从价值观认同、新型职业农民素养、党的新思想理论教育、科学思维方式四个角度对农民思想文化贫困的基本情况进行分析。结果显示，农民的思想文化贫困仍较明显。调研结果显示，虽然一部分农民的思想文化贫困程度相对较弱，但其思想理论水平和专业素养相对较高；可是，仍有一部分农民的思想文化贫困程度相对深一些，其思想理论水平和专业素养则相对较差；此外，还有极少数农民的思想文化贫困程度要更深一些，其思想理论水平和专业素养很低。

第一，从表 3-7 可以看出，在价值观认同方面，在关于"您认为需要加强家乡农民的社会主义核心价值观的认同教育吗?"的调查中，选择"需要"的有效百分比为 91.1%；选择"不需要"的有效百分比为 3.2%，选择"不清楚"的有效百分比为 5.7%。因此，根据问卷调查结果可知，仅有少部分农民不太需要进一步加强社会主义核心价值观的教育，这部分农民大多以基层村委会工作人员、基层党员等群体为主，他们通过加强自身的理论学习，对社会主义核心价值观的了解和认知程度就会提高；但是，大部分农民还需要进一步增加其对社会主义核心价值观的内涵和内容的了解和认识，虽然其对社会主义核心价值观的价值和内容已有一些基本的认识、了解以及认同，但是尚未形成对社会主义核心价值观的全面了解、认知和认同，需要进一步加强对其社会主义核心价值观的教育，推动农民形成对社会主义核心价值观的思想自觉、行动自觉。

表3-7　　　　关于"您认为需要加强家乡农民的社会主义核心
价值观的认同教育吗?"的调查频率分布

类型	频数	有效百分比（%）	累积百分比（%）
A. 不清楚	34	5.7	5.7
B. 不需要	19	3.2	8.9
C. 需要	543	91.1	100.0
合计	596	100.0	

第二，从表3-8可以看出，在新型职业农民素养方面，在关于"您认为家乡农民是否已具备成为一名爱农业、懂技术、善经营的新型职业农民所应具备的综合素养?"的调查中，选择"是的，已具备"的有效百分比为23.5%，选择"没有，不具备"的有效百分比为47.8%，选择"不清楚"的有效百分比为28.7%。因此，根据问卷调查结果可知，一部分农民已基本具备成为一名爱农业、懂技术、善经营的新型职业农民所应具备的综合素养，他们在乡村振兴进程中努力提升自身的专业技术和能力，积极参与到市场经济活动中，积累了丰富的实践经验，具备了成为一名新型职业农民所需要的综合素养。但是我们仍然看到，仍有相当一部分农民尚未具备成为一名爱农业、懂技术、善经营的新型职业农民所应具备的综合素养，还需要加大对新型职业农民的培养力度，既为推动农民实现自由全面发展创造条件，也为推动乡村振兴奠定基础。

表3-8　　　关于"您认为家乡农民是否已具备成为一名爱农业、懂技术、
善经营的新型职业农民所应具备的综合素养?"的调查频率分布

类型	频数	有效百分比（%）	累积百分比（%）
A. 不清楚	171	28.7	28.7
B. 没有，不具备	285	47.8	76.5
C. 是的，已具备	140	23.5	100.0
合计	596	100.0	

第三，从表3-9可以看出，在党的新思想理论教育方面，在关于"您认为家乡农民在运用科学的世界观和方法论来分析和解决问题方面的表现如何?"

的调查中，选择"非常好"的有效百分比为9.4%，选择"比较好"的有效百分比为21.6%，选择"一般"的有效百分比为49.3%，选择"比较差"的有效百分比为17.3%，选择"很差"的有效百分比为2.3%。因此，根据问卷调查结果可知，一部分农民可以合理、有效地运用科学的世界观和方法论来分析问题和解决问题，能够比较客观、公正、平等地看待问题，并采取有效的问题解决办法。与此同时，仍有相当一部分农民仍不能有效运用科学的世界观和方法论来分析问题和解决问题，处理、分析和解决问题的时候仍不够科学、系统、全面，更多地凭借经验处理问题，其分析问题和解决问题的能力仍需不断增强。另外，仅有极少数的农民运用科学的世界观和方法论来分析问题和解决问题的能力比较弱，不善于深入分析问题的本质及抓住问题的主要矛盾，仍比较欠缺解决问题的方法。

表 3-9　　　　关于"您认为家乡农民在运用科学的世界观和方法论来
分析和解决问题方面的表现如何？"的调查频率分布

类型	频数	有效百分比（%）	累积百分比（%）
A. 很差	14	2.3	2.3
B. 比较差	103	17.3	19.6
C. 一般	294	49.3	69.0
D. 比较好	129	21.6	90.6
E. 非常好	56	9.4	100.0
合计	596	100.0	

第四，从表3-10可以看出，在科学思维方式方面，在关于"您认为家乡农民运用辩证思维等科学思维解决问题的能力如何？"的调查中，选择"非常强"的有效百分比为8.2%，选择"比较强"的有效百分比为16.4%，选择"一般"的有效百分比为52.7%，选择"比较弱"的有效百分比为19.2%，选择"很弱"的有效百分比为3.5%。因此，根据问卷调查结果可知，一部分农民具有较强的辩证思维，善于运用辩证思维分析问题和解决问题。同时，也有相当一部分农民在使用辩证思维来分析问题和解决问题方面的能力仍比较弱，影响着其分析问题和解决问题的思想观念、思维和方式方法，要引导其形成科学的思维方式，还需要不断加大对其教育培训力度。

表 3-10 关于"您认为家乡农民运用辩证思维等科学思维
解决问题的能力如何?"的调查频率分布

类型	频数	有效百分比（%）	累积百分比（%）
A. 很弱	21	3.5	3.5
B. 比较弱	114	19.2	22.7
C. 一般	314	52.7	75.4
D. 比较强	98	16.4	91.8
E. 非常强	49	8.2	100.0
合计	596	100.0	

5. 精神文化贫困的基本情况

接下来，分别从精神文化活动需要、理想信念坚守、崇高价值追求、文化自觉养成等四个角度对农民思想文化贫困的基本情况进行分析。结果显示，农民的精神文化贫困仍需进一步减缓。调研结果显示，虽然一部分农民的精神文化贫困程度相对较弱，但其精神文化需要得到了较大满足；然而仍有一部分农民的精神文化贫困程度要相对深一些，其精神文化需要的满足程度相对较差。此外，还有极少数农民的精神文化贫困程度要更深一些，其精神文化需要的满足程度则很差。

第一，从表 3-11 可以看出，在精神文化活动需要方面，在关于"您认为家乡农民参与的弘扬主旋律的文化娱乐活动的形式和内容丰富吗?"的调查中，选择"非常丰富"的有效百分比为 9.9%，选择"比较丰富"的有效百分比为 23.7%，选择"一般"的有效百分比为 37.6%，选择"不太丰富"的有效百分比为 21.8%，选择"没有文化娱乐活动"的有效百分比为 7.0%。因此，根据问卷调查结果可知，一部分农民的精神文化活动的内容和形式都比较丰富，能够较好地满足自身的文化娱乐活动需要。但是，我们要看到，仍有相当一部分农民的文化娱乐活动形式和内容仍不够丰富，同时也还有极少数农民没有文化娱乐活动，这表明仍有一部分农民的文化娱乐活动总体上仍较少或缺乏文化娱乐活动，其精神文化活动的形式和内容仍需进一步增加。

表3-11　关于"您认为家乡农民参与的弘扬主旋律的文化娱乐
活动的形式和内容丰富吗?"的调查频率分布

类型	频数	有效百分比（%）	累积百分比（%）
A. 没有文化娱乐活动	42	7.0	7.0
B. 不太丰富	130	21.8	28.9
C. 一般	224	37.6	66.4
D. 比较丰富	141	23.7	90.1
E. 非常丰富	59	9.9	100.0
合计	596	100.0	

　　第二，从表3-12可以看出，在理想信念坚守方面，在关于"您认为家乡农民的封建迷信思想浓厚吗?"的调查中，选择"非常浓厚"的有效百分比为9.1%，选择"比较浓厚"的有效百分比为31.0%，选择"一般"的有效百分比为44.0%，选择"不太浓厚"的有效百分比为13.1%，选择"没有封建迷信思想"的有效百分比为2.9%。因此，根据问卷调查结果可知，一部分农民的封建迷信思想仍比较浓厚或非常浓厚，其受传统封建迷信思想的影响仍比较深。同时，我们也要看到，有一部分农民的封建迷信思想的浓厚程度为一般以及不太浓厚，这部分农民也受到一些外来的新思想、新观念、新知识的影响，其跟外界的接触和交流也不断增多，对封建迷信的本质也有着更深刻的认识，而且也在自觉抵制封建迷信的影响。此外，少数农民没有封建迷信思想，他们的文化水平总体上比较高，而且对现代的、科学的、正确的思想观念有了更多的了解和更深刻的认识，更善于接受新思想、新知识、新观念，更具有改革创新精神，更相信科学。

表3-12　关于"您认为家乡农民的封建迷信
思想浓厚吗?"的调查频率分布

类型	频数	有效百分比（%）	累积百分比（%）
A. 非常浓厚	54	9.1	9.1
B. 比较浓厚	185	31.0	40.1
C. 一般	262	44.0	84.1

类型	频数	有效百分比（%）	累积百分比（%）
D. 不太浓厚	78	13.1	97.1
E. 没有封建迷信思想	17	2.9	100.0
合计	596	100.0	

第三，从表3-13可以看出，在崇高价值追求方面，在关于"您认为家乡农民抵制赌博等庸俗化、低俗化娱乐活动的表现如何？"的调查中，选择"非常好"的有效百分比为11.1%，选择"比较好"的有效百分比为24.3%，选择"一般"的有效百分比为43.6%，选择"比较差"的有效百分比为17.8%，选择"很差"的有效百分比为3.2%。因此，根据问卷调查结果可知，一部分农民能够自觉抵制和远离赌博等庸俗化、低俗化娱乐活动，积极倡导健康和积极向上的文化娱乐方式。但是，也还有较大一部分农民在抵制赌博等庸俗化、低俗化娱乐活动方面的表现一般、比较差或很差，这表明了农村的文化娱乐方式比较缺乏，同时在各种交往活动相对比较少或缺乏的情况下，农民又容易受各种外来的、消极的思想观念的冲击，使其抵制各种庸俗化、低俗化娱乐活动的行动自觉相对比较差。

表3-13　　关于"您认为家乡农民抵制赌博等庸俗化、低俗化娱乐活动的表现如何？"的调查频率分布

类型	频数	有效百分比（%）	累积百分比（%）
A. 很差	19	3.2	3.2
B. 比较差	106	17.8	21.0
C. 一般	260	43.6	64.6
D. 比较好	145	24.3	88.9
E. 非常好	66	11.1	100.0
合计	596	100.0	

第四，从表3-14可以看出，在文化自觉养成方面，在关于"您认为家乡农民对外弘扬和宣传当地优秀传统乡土文化的自信心如何？"的调查中，选择

"非常有信心"的有效百分比为14.3%,选择"比较有信心"的有效百分比为28.7%,选择"一般"的有效百分比为44.1%,选择"没什么信心"的有效百分比为11.6%,选择"没有信心"的有效百分比为1.3%。因此,根据问卷调查结果可知,一部分农民对弘扬和宣传当地优秀传统乡土文化非常有自信心和比较有自信心,对当地的优秀传统乡土文化比较有自信,更容易增强其文化自觉并转化为自觉行动,也更乐意去弘扬和宣传当地优秀传统乡土文化。同时,也有一部分农民对弘扬和宣传当地优秀传统乡土文化的自信心表现一般或没什么信心,甚至还有极少数农民没有信心,这表明还需要深入挖掘、传承和弘扬当地的优秀传统乡土文化,以便更好地促进农民增强其文化自觉、思想自觉和行动自觉。

表3-14 关于"您认为家乡农民对外弘扬和宣传当地优秀
传统乡土文化的自信心如何?"的调查频率分布

类型	频数	有效百分比(%)	累积百分比(%)
A. 没有信心	8	1.3	1.3
B. 没什么信心	69	11.6	12.9
C. 一般	263	44.1	57.0
D. 比较有信心	171	28.7	85.7
E. 非常有信心	85	14.3	100.0
合计	596	100.0	

6. 致贫因素的频率分析

从表3-15可以看出,关于"您认为影响家乡农民的思想观念由传统观念向现代观念转变的原因主要有哪些?"的调查中,首先,选择"农村经济基础的影响"的有效百分比最高,其有效百分比为85.1%;其次,选择"传统思想观念的影响"的有效百分比第二,其值为70.5%;最后,选择"思想政治教育的影响""公共文化服务供给的影响""外部地理环境的影响""农民内生发展能力的影响"的有效百分比依次递减,分别为41.1%、33.2%、27.7%、24.5%。由此可见,农村经济基础和传统思想观念仍然是影响农民的思想观念由传统观念向现代观念转变的较重要原因。

表 3 – 15 关于"您认为影响家乡农民的思想观念由传统观念向
现代观念转变的原因主要有哪些?"的调查频率分布

类型	A. 传统思想观念的影响（%）	B. 农村经济基础的影响（%）	C. 外部地理环境的影响（%）	D. 思想政治教育的影响（%）	E. 公共文化服务供给的影响（%）	F. 农民内生发展能力的影响（%）
未选择	29.5	14.9	72.3	58.9	66.8	75.5
选择	70.5	85.1	27.7	41.1	33.2	24.5
合计	100.0	100.0	100.0	100.0	100.0	100.0

7. 治理影响因素的频率分析

从表 3 – 16 可以看出，关于"您认为制约家乡农民思想道德素质和文化水平提高的关键因素是什么?"的调查中，首先，选择"农民的文化水平限制因素"的有效百分比最高，其有效百分比为 84.1%；其次，选择"农村的文化建设资源支撑因素"的有效百分比第二，其值为 52.0%；最后，选择"农民的信仰迷失因素""农村的文化发展载体因素""农村的文化管理体制健全因素"的有效百分比依次递减，分别为 26.7%、25.0%、12.2%。由此可见，农民的文化水平限制、农村的文化建设资源支撑等因素是影响农民文化贫困治理的重要因素。

表 3 – 16 关于"您认为制约家乡农民思想道德素质和文化
水平提高的关键因素是什么?"的调查频率分布

类型	A. 农民的文化水平限制因素（%）	B. 农民的信仰迷失因素（%）	C. 农村的文化发展载体因素（%）	D. 农村的文化建设资源支撑因素（%）	E. 农村的文化管理体制健全因素（%）
未选择	15.9	73.3	75.0	48.0	87.8
选择	84.1	26.7	25.0	52.0	12.2
合计	100.0	100.0	100.0	100.0	100.0

8. 治理途径的频率分析

从表 3 – 17 可以看出，关于"您认为提高家乡农民思想道德素质和文化水平的途径主要有哪些?"的调查中,首先,选择"推进乡村文化振兴"的有效百分比最高,其有效百分比为75.8%;其次,选择"解放和发展乡村生产力"的有效百分比第二,其值为51.2%;最后,选择"加强农村精神文明建设""激发农民的内生动力""推进农民的价值观变革""培养新型职业农民"的有效百分比依次递减,分别为47.7%、42.6%、30.0%、25.0%。由此可见,推进乡村文化振兴、解放和发展乡村生产力仍然是深入推动农民文化贫困治理的重要途径。

表3-17　　　关于"您认为提高家乡农民思想道德素质和文化
水平的途径主要有哪些?"的调查频率分布

类型	A. 推进乡村文化振兴（%）	B. 激发农民的内生动力（%）	C. 解放和发展乡村生产力（%）	D. 推进农民的价值观变革（%）	E. 加强农村精神文明建设（%）	F. 培养新型职业农民（%）
未选择	24.2	57.4	48.8	70.0	52.3	75.0
选择	75.8	42.6	51.2	30.0	47.7	25.0
合计	100.0	100.0	100.0	100.0	100.0	100.0

(三) 相关分析

1. 描述性分析

对调查问卷的量表型题目进行描述性分析,结果如表3-18所示。从表3-18中的极小值、极大值、均值、标准差等数据可以看到,数据的描述性分析结果相对较合理,数据的质量也相对较好。

表3-18　　　　　　　　　　　描述统计量

题目	N	极小值	极大值	均值	标准差
您认为目前家乡农民的思想道德观念状况符合国家经济社会发展的现实需要吗?	596	1	5	3.46	0.955
您认为家乡农民具有科学、平等、公正、法治等现代观念的程度如何?	596	1	5	3.42	0.894

题目	N	极小值	极大值	均值	标准差
您认为家乡农民在解决各种问题和纠纷时表现出来的主动性、能动性和创造性怎么样？	596	1	5	3.35	0.913
您认为家乡农民在改革创新、开拓进取等方面的精神表现如何？	596	1	5	3.35	0.902
您认为家乡农民近年来在"四德"（社会公德、职业道德、家庭美德、个人品德）方面有弱化表现吗？	596	1	3	2.09	0.835
您认为需要加强家乡农民的社会主义核心价值观的认同教育吗？	596	1	3	2.85	0.489
您认为家乡农民是否已具备成为一名爱农业、懂技术、善经营的新型职业农民所应具备的综合素养？	596	1	3	1.95	0.721
您认为家乡农民在运用科学的世界观和方法论来分析和解决问题方面的表现如何？	596	1	5	3.18	0.909
您认为家乡农民运用辩证思维等科学思维解决问题的能力如何？	596	1	5	3.07	0.907
您认为家乡农民参与的弘扬主旋律的文化娱乐活动的形式和内容丰富吗？	596	1	5	3.08	1.062
您认为家乡农民的封建迷信思想浓厚吗？	596	1	5	2.70	0.909
您认为家乡农民抵制赌博等庸俗化、低俗化娱乐活动的表现如何？	596	1	5	3.22	0.971
您认为家乡农民对外弘扬和宣传当地优秀传统乡土文化的自信心如何？	596	1	5	3.43	0.919
有效的 N（列表状态）	596				

2. 信度和效度分析

（1）信度分析。从表 3 - 19 可以看出，对农民文化贫困进行调查的各量表题目的信度系数（Cronbach's Alpha）为 0.861，其在 0.8 以上，表明农民文化贫困的各量表题目的信度效果非常好，各选项调查结果的可信度非常高。与此同时，分别对观念文化贫困、思想文化贫困、精神文化贫困的信度系数进行了测算，其信度系数（Cronbach's Alpha）分别为 0.654、0.665、0.644，都在 0.6 以上，表明观念文化贫困、思想文化贫困、精神文化贫困的各组选项调查结果的可信度也比较高。

表 3-19   可靠性统计量

名称	项数	Cronbach's Alpha
农民文化贫困指标	13	0.861
观念文化贫困指标	4	0.654
思想文化贫困指标	4	0.665
精神文化贫困指标	4	0.644

（2）效度分析。从表 3-20 可以看出，对农民文化贫困进行调查的各量表题目的效度（KMO 值）为 0.923，在 0.8 以上，表明农民文化贫困的各量表题目的效度非常高，各选项调查结果的有效性非常高。与此同时，分别对观念文化贫困、思想文化贫困、精神文化贫困的效度进行了测算，其中，观念文化贫困的效度（KMO 值）为 0.749，大于 0.7，表明观念文化贫困的效度较好；思想文化贫困的效度、精神文化贫困的效度（KMO 值）分别为 0.586、0.682，其效度值接近或大于 0.6，表明思想文化贫困、精神文化贫困的效度也都相对较好。

表 3-20   KMO 和 Bartlett 的检验结果

名称	KMO 值	Bartlett 的球形度检验		
		近似卡方	df	Sig.
农民文化贫困指标	0.923	3912.763	78	0.000
观念文化贫困指标	0.749	1049.530	6	0.000
思想文化贫困指标	0.586	690.668	6	0.000
精神文化贫困指标	0.682	583.921	6	0.000

3. 相关性分析结果

表 3-21 反映了测算的农民文化贫困变量与观念文化贫困、思想文化贫

困、精神文化贫困的各具体题目变量之间的两变量相关性。从选取指标变量的相关性分析结果来看，除了精神信仰指标在5%的显著性水平上显著外，其他各指标都在1%的显著性水平上显著，问卷的调查结果反映了现代观念指标、主体性意识指标、时代精神指标、"四德"观念指标、新型职业农民素养指标、强大思想武器指标、科学思维方法指标、精神财富指标、精神信仰指标、崇高价值追求指标、文化自信指标等指标均与农民文化贫困指标之间有着较强的相关性，可以从Pearson相关性系数的大小来判断其相关性的强弱，同时也反映了各指标可以较好地衡量和反映农民的文化贫困状况。

表3-21　　　　　　　　　　　　相关性分析结果

		观念文化贫困指标			
		现代观念指标	主体性意识指标	时代精神指标	"四德"观念指标
	Pearson 相关性系数	0.666**	0.594**	0.605**	-0.126**
	显著性（双侧）	0.000	0.000	0.000	0.002
	N	596	596	596	596
农民文化贫困指标		思想文化贫困指标			
		新型职业农民素养指标	强大思想武器指标	科学思维方法指标	
	Pearson 相关性	0.240**	0.533**	0.531**	
	显著性（双侧）	0.000	0.000	0.000	
	N	596	596	596	
		精神文化贫困指标			
		精神财富指标	精神信仰指标	崇高价值追求指标	文化自信指标
	Pearson 相关性	0.514**	0.102*	0.468**	0.570**
	显著性（双侧）	0.000	0.012	0.000	0.000
	N	596	596	596	596

注：** 表示在0.01水平（双侧）上显著相关，* 表示在0.05水平（双侧）上显著相关。社会主义核心价值观认同指标因结果未显著，故未将其结果罗列出来。

二、农民文化贫困及治理的现状分析

在我国打赢脱贫攻坚战的过程中，通过深入实施精准扶贫、精准脱贫方略，我国在农民文化贫困治理方面积累了宝贵的实践经验。例如，相关实践经验包括以下几个方面。一是为农民开展职业技术教育和技能培训以及其他各种继续教育活动，提升农民的文化水平和专业技能，增强其自我发展能力。二是开展丰富多彩的文艺活动和推动文化下乡，为农民送去各种文化活动、文化资源，进一步丰富他们的精神文化生活，满足农民多样化的精神文化需求。三是加强农村的公共文化设施建设，包括文化广场、图书室、新时代农民讲习所、乡村文化馆等设施的建设，为丰富农民的精神文化生活提供了良好的基础和条件。四是完善乡规民约，营造良好的乡村文明环境和条件，加强良好乡风、村风和家风的教育、建设和宣传，宣传和弘扬社会主义核心价值观，引导农民积极践行社会主义核心价值观，推动农民形成良好的道德风尚。五是遵循习近平总书记强调的"扶贫先扶志""扶贫必扶智""实行扶贫和扶志扶智相结合"的发展原则，注重激发农民的内生动力，充分发挥广大农民的积极性、主动性和创造性，推动农民积极摆脱文化贫困。由此可见，我国在推动农民摆脱绝对贫困的实践中和在农民的文化贫困治理方面积累了丰富的实践经验，为在乡村振兴进程中深入推动农民文化贫困治理提供了重要的现实基础和条件。

为此，为进一步深入探析乡村振兴进程中农民文化贫困及治理的现实状况，结合问卷调查法、访谈法等方法，对乡村振兴进程中农民的文化贫困及治理状况进行调查研究。本部分分别从观念文化贫困、思想文化贫困和精神文化贫困等层面深入研究农民文化贫困及治理的现实状况，以更好地把握农民文化贫困及其治理的特征和规律。因此，以广西农村为例，对广西农民的思想文化状况进行问卷调查，此次调查共发放并收回调查问卷 596 份，有效的调查问卷达到 100%。调查问卷的调查对象主要是在广西农村出生、成长的人员以及在农村基层从事政府工作的人员。由于农民的居住地点比较分散且受农民自身文化水平的影响，对农民的调查主要采用访谈法、实地调查等方法进行调查。

问卷调查结果显示，在关于"您认为目前家乡农民的思想道德观念状况符合国家经济社会发展的现实需要吗？"的调查中，87 人选择了"非常符合"，占调查人数的 14.6%；201 人选择了"比较符合"，占调查人数的 33.72%；

220人选择了"一般"，占调查人数的36.91%；77人选择了"不太符合"，占调查人数的12.92%；11人选择了"不符合"，占调查人数的1.85%，具体见表3-22和图3-1。调查发现，有48.32%的调查人员认为农民的思想道德观念非常符合和比较符合国家经济社会发展的现实需要，这表明已有一部分农民的思想道德观念已经达到国家经济社会发展的现实需要，他们能够将自己的发展融入国家市场经济发展或乡村振兴中，其市场意识、竞争意识、改革创新意识都相对比较强，而且自身也在我国市场经济发展中获得了较好的发展收益，其生活质量和精神面貌都相对较好。例如，通过广西农村的实地调研发现，一些农村地区的农民的经济意识相对较强，其通过种植柑橘、火龙果、罗汉果以及发展养鸡、养鸭等养殖产业，积极发展农村特色优势产业，发挥勤劳致富的精神，积极参与到市场经济发展中，获得了宝贵的物质财富和精神财富，改善了家庭的物质生活和精神面貌，同时也实现了自身的长远发展。与此同时，问卷调查结果还显示，选择"一般""不太符合"的人员仍占到调查总人数的49.83%，占一半左右的调查人数，而选择"不符合"的人数仅占到1.85%，表明还有一部分农民的思想道德观念目前尚未能很好地适应国家经济社会发展的需要，但是其良好的思想道德观念的可塑性仍然很强，只有极少数的农民的思想道德观念不符合国家经济社会发展的需要。因此，可以看出，在乡村振兴进程中，一部分农民的文化贫困状况相对较弱，其思想观念能够较好地跟上经济社会的发展需要，精神上的需要也随着其生活水平的提高而得到满足；但也有一部分农民的文化贫困问题仍比较突出，其思想观念仍未能较好地适应经济社会发展和农业农村现代化的需要，其精神文化需要也尚未得到有效满足，但是其文化贫困只是一种相对文化贫困，其思想道德观念的可塑性仍较强，这部分农民也是乡村振兴进程中文化贫困治理中需要重点关注的对象。此外，只有极少数的农民的思想道德观念不适应经济社会发展的需要，主要与其自身文化水平低或传统、落后的思想观念等因素密切相关。

表3-22　　　关于"您认为目前家乡农民的思想道德观念状况符合国家经济社会发展的现实需要吗?"的调查结果情况

选项	小计（人）	比例（%）
A. 非常符合	87	14.6
B. 比较符合	201	33.72

选项	小计（人）	比例（%）
C. 一般	220	36.91
D. 不太符合	77	12.92
E. 不符合	11	1.85
本题有效填写人次	596	100

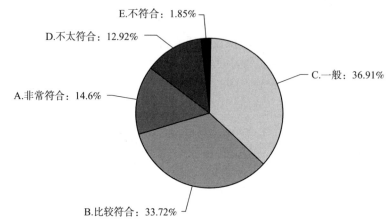

图 3-1　关于"您认为目前家乡农民的思想道德观念状况符合
国家经济社会发展的现实需要吗?"的调查对象分布情况

（一）观念文化贫困层面

1. 现代观念现状

"现代观念"是与"传统观念"相对应的观念,是人由传统观念向现代观念转型之后形成的一种现代化的思想和观念,现代观念能够更好地适应现代生产力和生产关系的变化和发展需要,是人的思想和观念的现代化转型的结果。随着资本主义大工业生产的产生和发展,现代观念相伴而生,尤其是随着科学技术不断向前发展,现代观念快速形成,并不断冲击乃至摧毁封闭落后的封建主义观念、封建主义生产方式,倡导人的觉醒、尊严和价值,其中,平等、开放、创新、效率等观念是现代观念的重要核心要义；虽然资本主义制度对推动现代观念的形成和发展起到了巨大的作用，但是不可否认的是，受资本主义制度的私有性、片面性和虚假性等因素的影响，资本主义的现代观念不可避免地具有局限性和狭隘性，并不是最先进的思想观念；而马克思主义吸收了人类优秀成果中最有价值的部分，提出了要消灭剥削关系，要同传统的所有制关系和传统观念进行"最彻底的决裂"，蕴含了最先进的现代观念。因此，只有社会主义的现代观念才是最先进和最彻底的思想观念①。

根据农民是否拥有现代观念或其思想观念的现代化程度，判断其是否存在观念文化贫困。如果一个农民的现代观念缺乏或者其思想观念的现代化程度较低，可以认为其仍存在观念文化贫困问题，但是其思想观念的现代化程度不同，其观念文化贫困的程度也会有所差异。在不同农村地区，由于其经济发展水平差距较大，当地农民参与或融入市场经济的情况也不同，农民的现代观念持有情况也会有所差异。

调查结果显示，在关于"您认为家乡农民具有科学、平等、公正、法治等现代观念的程度如何？"的调查中，77人选择了"非常好"，占调查人数的12.9%；177人选择了"比较好"，占调查人数的29.7%；268人选择了"一般"，占调查人数的45.0%；67人选择了"比较差"，占调查人数的11.2%；7人选择了"很差"，占调查人数的1.2%，具体见表3-23和图3-2。可以看出，选择"非常好"和"比较好"的人数比例达到42.6%，可见在乡村振兴进程中，一部分农民的思想观念已经具有现代化的思想观念或意识，其思想观念与农业农村现代化的发展需要也较适应，他们也将会是推动乡村振兴的重要动力，将在乡村振兴中发挥重要的推动作用。与此同时，选择"一般""比较差"和"很差"的调查人数比例达到57.4%，但是"很差"的人数比例仅占1.2%，表明有相当一部分农民的思想观念仍不具有现代性，其思想观念仍有较大的提升空间，但是现代化的思想观念很差的农民仅占小部分。总的来看，这些农民的现代化思想观念总体上还可以进一步改善，基本上具备一定的现实思想基础，可以更好地适应乡村振兴的需要。

---

① 林非. 论现代观念 [J]. 河北学刊, 1986 (4)：14-20.

表 3-23   关于"您认为家乡农民具有科学、平等、公正、
法治等现代观念的程度如何?"的调查情况

选项	小计（人）	比例（%）
A. 非常好	77	12.9
B. 比较好	177	29.7
C. 一般	268	45.0
D. 比较差	67	11.2
E. 很差	7	1.2
本题有效填写人次	596	100

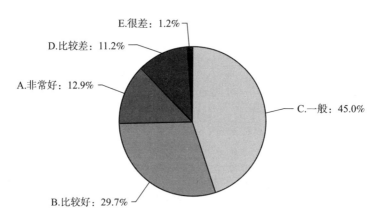

图 3-2   关于"您认为家乡农民具有科学、平等、公正、法治等
现代观念的程度如何?"的调查对象分布情况

2. 主体性意识觉醒状况

农民的主体性意识，即农民对经济社会发展中的主体地位、能力、价值所
发挥作用而产生的一种自觉意识，反映了农民对自身认识和改造世界的主动
性、能动性、创造性的觉醒状况[1][2]。通过激发农民的主体意识，有利于增强农

---

① 王慧娟. 当代中国农民主体意识探析 [J]. 青海社会科学, 2018 (2)：134-137, 159.
② 俞大军，唐厚珍. 新时期高校大学生党员主体意识培育路径探析——以江西中医药大学经济与
管理学院暑期社会实践 "五个一" 工程为例 [A]// "决策论坛——企业管理模式创新学术研讨会" 论
文集（下）[C].《决策与信息》杂志社、北京大学经济管理学院，2017：2.

民对自身的主体地位、能力和价值的认识，增强自信，愿意并积极参与到乡村振兴行动当中，充分发挥农民的主人翁地位，增强参与乡村振兴的积极性、主动性和创造性，摆脱落后思想和观念的制约，增强其内生发展动力，充分发挥自身的主体地位、主动价值，增强参与乡村振兴行动的获得感、幸福感和安全感。

　　在不同农村地区，不同农民的主体性意识觉醒程度也会存在较大差异，农民的主体性意识觉醒通常会受其自身的认知程度、社会环境、经济条件等多重因素的共同影响。一般而言，农民的文化水平越高，经济实力越雄厚，社会发展环境越好，农民的主体性意识也会越强。但是，如果农民的文化水平及家庭经济条件都较差，农民的主体性意识觉醒也会受到较大影响，其主体地位、能力和价值的发挥也将受到较大制约。调查结果显示，在关于"您认为家乡农民在解决各种问题和纠纷时表现出来的主动性、能动性和创造性怎么样？"的调查中，67 人选择了"非常好"，占调查人数的 11.2%；178 人选择了"比较好"，占调查人数的 29.9；262 人选择了"一般"，占调查人数的 44.0%；77 人选择了"比较差"，占调查人数的 12.9%；12 人选择了"很差"，占调查人数的 2.0%，具体见表 3-24 和图 3-3。可以看出，选择"非常好"和"比较好"的调查人数比例达到 41.1%，表明一部分农民具有较好的主动性、能动性和创造性，他们在乡村振兴中能够较好地发挥主动性、能动性和创造性作用，将能动作用发挥与乡村振兴有机融合起来，在乡村振兴中实现自己的价值追求。但是，我们也要看到，选择"一般""比较差"的调查人数比例仍占到 56.9%，表明仍有相当一部分农民的主动性、能动性和创造性尚未得到充分发挥，这部分农民大多以传统的农业生产和家务活动为主，其市场经济意识、改变现状并实现自我发展的意愿相对较为薄弱，其虽有改变现状的意识或想法，但仍缺乏敢闯敢拼搏的勇气和创新精神，这将在较大程度上制约着其自我发展。此外，认为"很差"的调查人数比例仅占 2.0%，表明仅有少量农民的主动性、能动性和创造性很差，其可能受到自身能力及家庭环境等各种因素的影响而选择满足于现状而不愿主动做太大的思想改变，这不利于其推动自我发展。

表 3-24　关于"您认为家乡农民在解决各种问题和纠纷时表现出来的主动性、能动性和创造性怎么样？"的调查情况

选项	小计（人）	比例（%）
A. 非常好	67	11.2
B. 比较好	178	29.9

选项	小计（人）	比例（%）
C. 一般	262	44.0
D. 比较差	77	12.9
E. 很差	12	2.0
本题有效填写人次	596	100

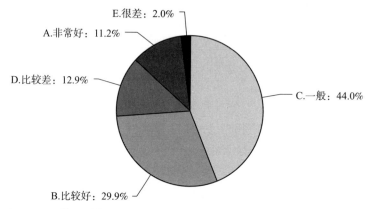

图 3-3　关于"您认为家乡农民在解决各种问题和纠纷时表现出来的
主动性、能动性和创造性怎么样？"的调查对象分布情况

3. 时代精神弘扬现状

2013 年 3 月 17 日，习近平在第十二届全国人民代表大会第一次会议上指出，实现中国梦必须弘扬中国精神。这就是以爱国主义为核心的民族精神，以改革创新为核心的时代精神。这种精神是凝心聚力的兴国之魂、强国之魄。2016 年 7 月 1 日，习近平在庆祝中国共产党成立 95 周年大会上指出，我们要弘扬社会主义核心价值观，弘扬以爱国主义为核心的民族精神和以改革创新为核心的时代精神，不断增强全党全国各族人民的精神力量。时代精神，是一种以改革创新为核心、引领社会发展前进的一种中国精神和先进思想，具有鲜明的时代特征，拥有强大的生命力和创造力。

在不同的农村地区，不同农民对以改革创新为核心的时代精神的理解和认知情况会有所不同，这与农民自身的文化水平、经济条件、所处的地理环境以及经济社会发展环境等因素密切相关。在经济发展水平较高或距离城镇较近的农村地区，农民参与市场经济的程度一般会更高，其以改革创新为核心的时代精神一般也会较强。与此同时，在一些经济发展水平较低的农村地区，一部分农民不安于现状，敢于突破现状，思想上积极上进，其改革创新精神一般也会较强。但是，我们也要看到，在一些比较偏远和落后的农村地区，经济社会发展一般也比较落后，农民从事各种市场经济活动的条件相对比较差，并长期生活在一个地理环境、商业环境相对比较落后的环境当中，且大部分农民的生产经营活动仍主要以各种农林渔业为主，同时受各种传统思想观念和文化习俗的影响也较大，因此容易形成一种安于现状、不善于改革创新的思想观念，进而制约着其思想观念的改革创新。调查显示，在关于"您认为家乡农民在改革创新、开拓进取等方面的精神表现如何？"的调查中，69 人选择了"非常好"，占调查人数的 11.6%；166 人选择了"比较好"，占调查人数的 27.9%；278 人选择了"一般"，占调查人数的 46.6%；72 人选择了"比较差"，占调查人数的 12.1%；11 人选择了"很差"，占调查人数的 1.8%，具体见表 3-25 和图 3-4。可以看出，选择"非常好"和"比较好"的调查人数比例达到 39.5%，表明已有一部分农民具有了一定的改革创新、开拓进取等精神，具有推动经济社会发展所要求的时代精神。但是，我们仍要看到，认为"一般"和"比较差"的调查人数比例仍达到 58.7%，表明仍有相当一部分农民在改革创新、开拓进取等方面的时代精神仍需要加大培养力度，这部分农民在改革创新、开拓进取等方面的意识、精神和能力相对薄弱一些。此外，认为农民在改革创新、开拓进取等方面的时代精神很差的调查人数比例仅占 1.8%，表明仍有少量农民的时代精神相对差一些。为此，还需要充分激发农民以改革创新为核心的时代精神，不断激发农民的积极性、主动性和创造性，推动农民转变思想观念，促进思想的解放，敢于开拓创新和摆脱传统落后观念的束缚，实现自身的自由全面发展。

表 3-25　　　关于"您认为家乡农民在改革创新、开拓进取等方面的精神表现如何？"的调查情况

选项	小计（人）	比例（%）
A. 非常好	69	11.6
B. 比较好	166	27.9

选项	小计（人）	比例（%）
C. 一般	278	46.6
D. 比较差	72	12.1
E. 很差	11	1.8
本题有效填写人次	596	100

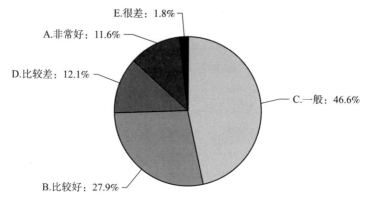

图 3 - 4　关于"您认为家乡农民在改革创新、开拓进取等方面的
精神表现如何?"的调查对象分布情况

4. "四德"观念状况

所谓"四德"，是指社会公德、职业道德、家庭美德和个人品德。党的十九大报告指出，要推进社会公德、职业道德、家庭美德、个人品德建设。随着市场经济的发展，农民的社会公德、职业道德、家庭美德和个人品德道德受到传统的、落后的、先进的、现代的思想观念以及外来的社会思潮及文化等多重因素的影响，致使农民的思想观念、价值观、思维、行为等受到较为深刻的影响，对农民的思想观念和行为也产生了较大的冲击。在市场经济的冲击下，一部分农民能够较好地守住道德底线，既传承和弘扬了传统良好的道德规范和行为准则，始终严格约束自己，始终心存敬畏之心，自觉抵制各种不良社会风气，有力弘扬了中华优秀传统美德、社会公德、职业道德等；同时又积极学习和吸收了社会各种优良品德、美德、公德、道德，不断加强自身的社会

公德、职业道德、家庭美德、个人品德建设，使自身较好地适应了乡村振兴和市场发展的需要。但是，我们仍需看到，由于受市场经济和外来的社会思潮及文化等因素的冲击，一些低级趣味的、不健康的思想以及迷信之风、赌博之风等不良社会风气对农民的思想观念和行为产生了较大的影响和冲击，甚至导致农民的"四德"观念有所淡化。与此同时，农民还受到拜金主义、利己主义、享乐主义等各种外来思潮和文化的持续冲击和影响，在农村思想政治教育比较薄弱的情况下，这些外来思潮和文化会对农民的价值观造成一定的影响甚至扭曲进而引发农民的道德观念有所淡化。调查结果显示，在关于"您认为家乡农民近年来在'四德'（社会公德、职业道德、家庭美德、个人品德）方面有弱化表现吗？"的调查中，184 人选择了"存在"，占调查人数的 30.9%；177 人选择了"不存在"，占调查人数的 29.7%；235 人选择了"不清楚"，占调查人数的 39.4%，具体见表 3 - 26 和图 3 - 5。可以看出，认为农民在"四德"（社会公德、职业道德、家庭美德、个人品德）方面存在和不存在弱化表现的调查人数都比较接近三分之一的调查人数，且两者的调查人数比例都比较接近，表明有一部分农民在社会公德、职业道德、家庭美德、个人品德方面存在弱化的表现，同时也反映了农民的道德观念受到传统落后的思想观念和外来消极的价值观念等多重因素的共同冲击，导致其道德观念发生了一些滑坡现象。同时也要看到，还有一部分农民在社会公德、职业道德、家庭美德、个人品德方面并未存在弱化，表明这部分农民仍把坚持传统优秀的价值观念放在重要的位置，坚持道德准绳，坚持弘扬积极向上的道德观念，注重个人思想品德的修养。

表 3 - 26　关于"您认为家乡农民近年来在'四德'（社会公德、职业道德、家庭美德、个人品德）方面有弱化表现吗？"的调查情况

选项	小计（人）	比例（%）
A. 存在	184	30.9
B. 不存在	177	29.7
C. 不清楚	235	39.4
本题有效填写人次	596	100

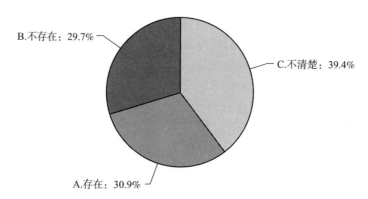

图3-5 关于"您认为家乡农民近年来在'四德'（社会公德、职业道德、
家庭美德、个人品德）方面有弱化表现吗？"的调查对象分布情况

（二）思想文化贫困层面

1. 价值观认同现状

广大农村地区都在积极推进社会主义核心价值观的宣传和教育，这在推进社会主义核心价值观融入农民的思想和生活中起到了积极的作用。但是，由于受制于农民自身的思想文化水平、发展条件和价值观念，农民接受社会主义核心价值观教育的情况，对社会主义核心价值观的情感认同以及践行社会主义核心价值观的行为在不同个体之间存在着一定的差异。在广大农村地区，由于经济社会发展条件等诸多因素的限制，大多数农民接受的思想政治教育相对较少，且各种理论学习的机会也相对较少，只有少数基层村干部、基层党员等人员通过集体学习和自主学习等方式比较注重加强自身的理论学习，这些基层村干部、基层党员对社会主义核心价值观的认知和了解程度相对较高，而大多数农民对社会主义核心价值观的内涵和本质的了解和认识仍不够深入，接受的有关社会主义核心价值观的教育和培训也比较少，即使有时参加各种学习培训活动，相关学习培训活动仍主要以专业等实用性技能的学习和培训为主，并且农民相关理论学习的积极性、主动性也有待提高，因此导致农民对社会主义核心价值观的内涵和本质的全面了解和认识总体上仍需不断提高。调查显示，在关于"您认为需要加强家乡农民的社会主义核心价值观的认同教育吗？"的调查中，543人选择了"需要"，占调查人数的91.1%；19人选择了"不需要"，

占调查人数的 3.2%；34 人选择了"不清楚"，占调查人数的 5.7%，具体见表 3 - 27 和图 3 - 6。结果表明，绝大多数参与调查的人员都认为需要加强农民的社会主义核心价值观的认同教育。在实地调查中发现，农民可以通过各种宣传栏或宣传语了解社会主义核心价值观的内容，但是缺乏对社会主义核心价值观内涵的深入了解和认识，加上平时接受社会主义核心价值观教育的机会也比较少，主要是农民积极主动参与学习的机会较少，但是在谈到相关具体内容时，对实现国家富强、加强生态环境保护、推动社会公平公正、热爱祖国、要有个人诚信等方面都能有一些基本比较正面的认识，但是对社会主义核心价值观仍缺乏一个比较全面的了解和认识。此外，仅有少部分调查人员认为农民不需要进一步加强社会主义核心价值观的教育，他们大多以基层村委会工作人员、基层党员等群体为主，其一般通过集体学习、自主学习等方式对社会主义核心价值观进行了解和认知，且认知程度相对较高。总之，还需要以农民喜闻乐见的方式不断地推进社会主义核心价值观的常态化宣传和入脑入心，增强农民对社会主义核心价值观的情感认同，并教育和引导农民将社会主义核心价值观内化为自觉行动。

表 3 - 27　　　　关于"您认为需要加强家乡农民的社会主义核心价值观的认同教育吗?"的调查情况

选项	小计（人）	比例（%）
A. 需要	543	91.1
B. 不需要	19	3.2
C. 不清楚	34	5.7
本题有效填写人次	596	100

2. 新型农民素养现状

2017 年，习近平在参加全国两会四川代表团审议时强调，就地培养更多爱农业、懂技术、善经营的新型职业农民。培育新型职业农民，是推进农业农村现代化和实现乡村振兴的现实迫切需要。在乡村振兴的进程中，一部分农民积极参与到乡村振兴中来，并且由于具有一定的发展条件或基础，使得其能够更好地适应乡村振兴的需要，在发展成一名爱农业、懂技术、善经营的新型职

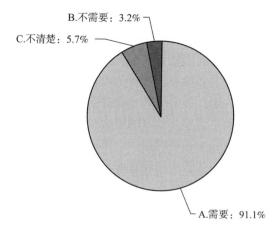

图3-6 关于"您认为需要加强家乡农民的社会主义核心价值观的认同教育吗?"的调查对象分布情况

业农民方面已经基本具备所需要的综合素养,在实践中探索并形成了丰富的农业发展实践经验。例如,一些农民通过发展农村生态旅游,发展种植业、养殖业或畜牧业,在实践中积累了丰富的农业发展经验,在发展成一名新型职业农民方面具有了较好的发展条件和基础。但是,我们仍要看到,仍有相当一部分农民未具备成为一名新型职业农民所应具备的综合素养,其中大多数农民尚未形成一名新型职业农民所应具有的素养,同时也比较缺少这方面的形成条件和资源,这与乡村振兴的发展需要仍不相适应。调查显示,在关于"您认为家乡农民是否已具备成为一名爱农业、懂技术、善经营的新型职业农民所应具备的综合素养?"的调查中,140人选择了"是的,已具备",占调查人数的23.5%;285人选择了"没有,不具备",占调查人数的47.8%;171人选择了"不清楚",占调查人数的28.7%,具体见表3-28和图3-7。可以看出,有23.5%的参与调查的人员认为农民已经具备成为一名爱农业、懂技术、善经营的新型职业农民所应具备的综合素养,表明已有一部分农民在成为新型职业农民方面具备一定的发展基础和较大的发展潜力,他们也将是乡村振兴的重要力量。同时,也有将近一半的调查人员认为农民尚未具备成为一名新型职业农民所应具备的综合素养,表明仍然有相当一部分农民在成为一名新型职业农民所应具备的综合素养方面仍存在较多不足,其现拥有的文化水平、经营理念、市场意识以及实践能力等方面,与成为一名爱农业、懂技术、善经营的新型职业农民所应具备的综合素养仍有一段距离,仍需要进一步加强对其进行综合素养培育。

表3-28 关于"您认为家乡农民是否已具备成为一名爱农业、懂技术、
善经营的新型职业农民所应具备的综合素养?"的调查情况

选项	小计（人）	比例（%）
A. 是的，已具备	140	23.5
B. 没有，不具备	285	47.8
C. 不清楚	171	28.7
本题有效填写人次	596	100

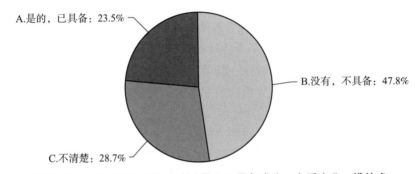

图3-7 关于"您认为家乡农民是否已具备成为一名爱农业、懂技术、
善经营的新型职业农民所应具备的综合素养?"的调查情况

3. 党的新思想理论教育状况

2018年5月4日，习近平在纪念马克思诞辰200周年大会上指出，马克思主义始终是我们党和国家的指导思想，是我们认识世界、把握规律、追求真理、改造世界的强大思想武器。习近平还指出，马克思主义是科学的理论、人民的理论、实践的理论、开放的理论，我们要学精、悟透、用好马克思主义，要把马克思主义转化为我们认识世界和改造世界的强大物质力量和精神力量。在广大农村地区，有些农民的文化水平相对较高，例如，从事教育工作的人员、返乡创业的新乡贤等人员，这些人员的受教育水平相对较高，其对马克思主义的了解和认识也相对较深，能够较好地运用马克思主义的观点和方法来分

析和解决实际问题，对事物本质规律的了解和掌握也更深入，其思想觉悟和政治理论水平都相对较高。与此同时，我们也要看到，仍有相当一部分农民由于自身的文化水平还不高，加上参加理论学习和教育的时间和机会都相对较少，尽管马克思主义在广大农村地区的大众化、通俗化传播不断取得积极的进展，但是大多数农民尚未充分学精、悟透、用好马克思主义，仍不善于有效运用马克思主义的观点和方法来分析和解决实际问题，其对马克思主义的理解、掌握和运用能力仍需不断增强。调查显示，在关于"您认为家乡农民在运用科学的世界观和方法论来分析和解决问题方面的表现如何？"的调查中，56人选择了"非常好"，占调查人数的9.4%；129人选择了"比较好"，占调查人数的21.6%；294人选择了"一般"，占调查人数的49.3%；103人选择了"比较差"，占调查人数的17.3%；14人选择了"很差"，占调查人数的2.3%，具体见表3-29和图3-8。可以看出，参与调查的人员认为农民在运用科学的世界观和方法论来分析和解决问题方面的表现"非常好"和"比较好"的人数比例达到31.0%，约占调查人员总数的三分之一。可以看出，已有一部分农民在分析问题和解决问题的时候，能够遵循科学的世界观和方法论，能够比较客观地、正确地看待问题，分析问题和解决问题的方法也相对比较科学、合理。但是，我们也要看到，仍有66.6%的调查人员认为农民在运用科学的世界观和方法论来分析问题和解决问题方面表现"一般"和"比较差"，表明仍有相当一部分农民仍不善于或不注重运用科学的世界观和方法论来分析问题和解决问题，更多地凭借其自身或他人的经验来思考和解决问题，自身的能动性和创造性也相对比较弱。此外，仅有2.3%的调查人员认为农民在运用科学的世界观和方法论来分析问题和解决问题方面的能力很差，也反映了仍有极少数的农民在分析问题和解决问题上比较依赖个人的主观意见或容易固执己见，不利于促进问题的合理有效解决。

表3-29　　关于"您认为家乡农民在运用科学的世界观和方法论来
分析和解决问题方面的表现如何？"的调查情况

选项	小计（人）	比例（%）
A. 非常好	56	9.4
B. 比较好	129	21.6

选项	小计（人）	比例（%）
C. 一般	294	49.3
D. 比较差	103	17.3
E. 很差	14	2.3
本题有效填写人次	596	100

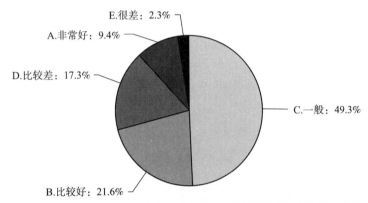

图 3-8　关于"您认为家乡农民在运用科学的世界观和方法论来分析
和解决问题方面的表现如何?"的调查对象分布情况

4. 科学思维方式状况

2019 年 1 月 21 日，习近平在省部级主要领导干部坚持底线思维着力防范化解重大风险专题研讨班开班式上强调，要掌握贯穿其中的辩证唯物主义的世界观和方法论，提高战略思维、历史思维、辩证思维、创新思维、法治思维、底线思维能力，善于从纷繁复杂的矛盾中把握规律。习近平总书记提出的战略思维、历史思维、辩证思维、创新思维、法治思维和底线思维六种科学思维方式，是我们在认识世界和改造世界、深入把握事物的本质和规律的过程中需要掌握的科学思维方式，这六大科学思维方式是一个系统和整体，是科学的世界观和方法论，为我们分析问题和解决问题提供了科学的思维方法。在广大农村地区，一部分农民的文化水平和受教育程度都相对较高，其对战略思维、历史思维、辩证思维、创新思维、法治思维、底线思维等思维方式的了解和认识也相对较为深刻，在农业生产和经营活动的具体实践中，其能够根据客观需要有机结合这些思维方式来分析问题和解决问题，有效利用各种科学思维方式的能力也相对较高。但是，我们也要看到，仍有一部分农民由于缺乏对战略思维、历史思维、辩证思维、创新思维、法治思维、底线思维等思维方式的学习和训练，在分析和解决问题当中普遍结合传统和陈旧的思维方法、价值观以及经验来解决问题，导致他们难以摆脱传统思维、方法和世界观的束缚，也往往缺乏足够的专业理论知识的支撑，致使其思维方式过于单一，难以全面、系统、准确地采用科学的思维方法来分析问题和解决现实问题，难以系统分析和掌握事物的本质特点和规律，其传统、陈旧的思维方式难以适应乡村振兴进程中经济社会发展的现实需要，同时也制约了他们思想的解放。调查显示，在关于"您认为家乡农民运用辩证思维等科学思维解决问题的能力如何？"的调查中，49人选择了"非常强"，占调查人数的8.2%；98人选择了"比较强"，占调查人数的16.5%；314人选择了"一般"，占调查人数的52.7%；114人选择了"比较弱"，占调查人数的19.1%；21人选择了"很弱"，占调查人数的3.5%，具体见表3-30和图3-9。可以看出，约有24.7%的调查人员认为农民在运用辩证思维等科学思维解决问题的能力"非常强"和"比较强"，表明已有一部分农民在运用辩证思维等科学思维解决问题方面，其能力相对比较强或比较突出。但是，我们仍要看到，共约有75.3%的调查人员认为农民在运用辩证思维等科学思维解决问题的能力表现一般、比较弱及很弱，表明仍有相当一部分农民在使用辩证思维等科学思维来分析问题和解决问题的能力总体上仍有些弱，他们平时不注意或较少运用科学辩证思维来思考问题和解决问题，不利于他们运用科学的思维方法来正确看待问题和解决各种问题以及增强他们的理性思维分析能力。为此，仍需要加强农民对辩证思维等思维方法的教育培训，增强农民运用科学思维分析问题和解决问题的整体能力。

表3-30　　　　关于"您认为家乡农民运用辩证思维等科学思维
解决问题的能力如何？"的调查情况

选项	小计（人）	比例（%）
A. 非常强	49	8.2
B. 比较强	98	16.5

选项	小计（人）	比例（%）
C. 一般	314	52.7
D. 比较弱	114	19.1
E. 很弱	21	3.5
本题有效填写人次	596	100

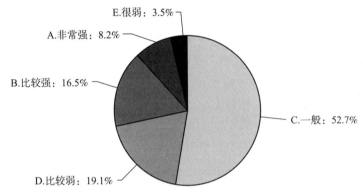

图 3 - 9　关于"您认为家乡农民运用辩证思维等科学思维
解决问题的能力如何?"的调查对象分布情况

（三）精神文化贫困层面

1. 精神文化活动需要现状

在乡村振兴进程中，既要满足人民群众的物质生活需要，也要满足人民群众的精神文化生活需要，最终实现物质生活和精神生活的共同富裕，这是社会主义本质的重要要求。在乡村振兴的进程中，随着农村公共财政投入的不断增加，一些农村地区的公共服务设施也不断完善，比如乡村公路、篮球场、图书室、文化广场等基础设施服务体系日渐完善，同时舞狮子、民族文化表演等各种群众文化活动的内容和形式也不断丰富，对进一步丰富农民的精神文化生活发挥了重要的促进作用。但是，我们也要看到，由于农村地区的经济发展水平总体上比较低，精神文化产品和服务的供给相对比较少，难以有效满足农民多样化、差异化、个性化的精神文化需要，并且农民的消费能力和水平总体上相对比较受限，大多数农民往往没有多余的资金用以消费各种精神文化服务和产品，制约了其精神文化需要的满足。调查显示，在关于"您认为家乡农民参与的弘扬主旋律的文化娱乐活动的形式和内容丰富吗？"的调查中，59人选择了"非常丰富"，占调查人数的9.9%；141人选择了"比较丰富"，占调查人数的23.7%；224人选择了"一般"，占调查人数的37.6%；130人选择了"不太丰富"，占调查人数的21.8%；42人选择了"没有文化娱乐活动"，占调查人数的7.0%，具体见表3-31和图3-10。可以看出，有33.6%的调查人员认为农民参与的弘扬主旋律的文化娱乐活动的形式和内容非常丰富和比较丰富，表明已有一部分农民的精神文化活动的内容和形式都比较丰富，能够较好地满足自身的文化娱乐活动需要。例如，在实地调查中发现，在一些农村地区，当地村委会通常会在各种重要民族节日组织各种文化娱乐活动，如舞狮子、文化表演等满足群众的精神文化活动需求，而且得到了大家的积极响应，活动效果都比较好。但是，我们仍要看到，有59.4%的调查人员认为农民的文化娱乐活动的形式和内容的丰富情况一般以及不太丰富，甚至还有7.0%的调查人员认为农民没有文化娱乐活动，表明仍有一部分农民的文化娱乐活动仍较少或者其文化娱乐活动形式仍不够多，大部分农民可能会将其日常的文化娱乐活动以家庭的农业生产活动、家务活动以及后代的教育代替，较少有时间参与各种弘扬主旋律的积极的文化娱乐活动，其精神文化活动需求受到了一定的影响。

表3-31　　关于"您认为家乡农民参与的弘扬主旋律的文化娱乐活动的形式和内容丰富吗？"的调查情况

选项	小计（人）	比例（%）
A. 非常丰富	59	9.9
B. 比较丰富	141	23.7
C. 一般	224	37.6
D. 不太丰富	130	21.8
E. 没有文化娱乐活动	42	7.0
本题有效填写人次	596	100

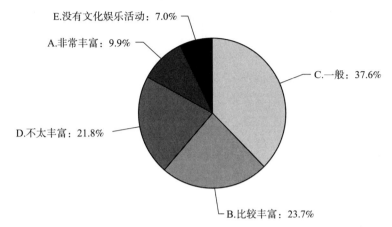

E.没有文化娱乐活动：7.0%

A.非常丰富：9.9%

C.一般：37.6%

D.不太丰富：21.8%

B.比较丰富：23.7%

图3－10 关于"您认为家乡农民参与的弘扬主旋律的文化
娱乐活动的形式和内容丰富吗？"的调查对象分布情况

2. 理想信念坚守状况

习近平曾经指出，理想信念就是共产党人精神上的"钙"，没有理想信念，理想信念不坚定，精神上就会"缺钙"，就会得"软骨病"。理想信念是激发人们精神斗志，指引人们沿着正确方向前进的精神上的"钙"，如果缺乏理想信念，就会导致人们丧失斗志，变得萎靡不振，就会丧失方向，就会追求眼前利益、个人利益、享乐主义，个人信仰就会丧失。在广大农村地区，大部分农民都积极热爱党和国家，对党和国家事业发展充满着信心，始终坚持中国特色社会主义制度和中国共产党的领导，尤其是随着国家经济社会发展实力的不断增强，广大农民的收入水平以及生活质量都发生了显著变化，农民的获得感、幸福感和满意度也因此不断增强。因此，一些农民在共享国家改革发展成果中，更加坚定了自身的理想信念，更加坚定了其对中国特色社会主义制度和中国共产党领导的信心、信念和信仰，对实现国家富强、民族振兴和人民幸福有着坚定的信心。但是，我们也要看到，在一些农村地区，由于其经济发展水平总体上比较低，基层政府管理相对也比较薄弱，甚至一些农村地区的精神文化产品和服务的供给总体上也比较少，农民的精神文化需求往往难以得到有效满足，以及在农民的社会主义核心价值观教育相对比较缺乏的情况下，农民的理想信念不够坚定，农民精神上"缺钙"的现象仍然突出存在，农民对社会主义核心价值观、社会主义共同理想信念、中华民族共同体意识等的认同感仍需要进一步增强。与此同时，这也将更容易导致农民在思想上存在着封建迷信的问题，并且由于受拜金主义、享乐主义、消费主义等社会思潮的影响，农民在思想上受到金钱至上、利己主义等不良思想的荼毒也会较深，这在一定程度上会引发农民淡化个人理想信念，导致精神上"缺钙"，对其自身实现自我人生价值缺乏更高的追求。调查显示，在关于"您认为家乡农民的封建迷信思想浓厚吗？"的调查中，54 人选择了"非常浓厚"，占调查人数的 9.0%；185 人选择了"比较浓厚"，占调查人数的 31.0%；262 人选择了"一般"，占调查人数的 44.0%；78 人选择了"不太浓厚"，占调查人数的 13.1%；17 人选择了"没有封建迷信思想"，占调查人数的 2.9%，具体见表 3 - 32 和图 3 - 11。可以看出，有 40.0% 的调查人员认为家乡农民的封建迷信思想非常浓厚和比较浓厚，表明了在广大农村地区仍有一部分农民拥有比较浓厚的封建迷信思想，也反映了传统落后的封建迷信思想仍对农民有着较为深刻的影响。同时，也有 57.1% 的调查人员认为家乡农民的封建迷信思想的浓厚程度表现一般以及不太浓厚，表明也大致超过一半的农民没有那么浓厚的封建迷信思想。同时，有 2.9% 的调查人员认为家乡农民没有封建迷信思想。可见，已有相当一部分农民对现代的、科学的、正确的思想和价值观念有了更多的了解和更深刻的认识，有着自身的理想信念和对美好幸福生活的追求，不沉迷于传统封建迷信的影响，更倾向于通过自己的辛勤劳动来改善自己及家庭成员的生活质量，思想认识有了较大的提升。

表 3 - 32　关于"您认为家乡农民的封建迷信思想浓厚吗？"的调查情况

选项	小计（人）	比例（%）
A. 非常浓厚	54	9.0
B. 比较浓厚	185	31.0
C. 一般	262	44.0
D. 不太浓厚	78	13.1
E. 没有封建迷信思想	17	2.9
本题有效填写人次	596	100

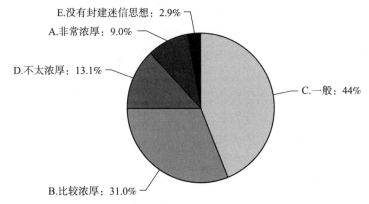

图 3 - 11 关于"您认为家乡农民的封建迷信思想浓厚吗?"的调查对象分布情况

3. 崇高价值追求状况

在广大农村地区,随着农民收入水平和生活质量的不断提高,以及农村社会公共服务体系和社会保障体系的不断健全,同时随着互联网、智能手机在广大农村的不断普及,农村地区的经济社会发展发生了深刻的变化,广大农民通过自身的辛勤劳动,在共享国家改革发展成果方面所取得的获得感、幸福感和安全感不断增强,且对追求美好幸福生活有着更高的期盼、更坚定的信心,也在自觉抵制各种庸俗化、低俗化娱乐活动,不断提升个人道德情操,为实现自我价值和自我发展目标而勤奋工作。但是,我们也要看到,由于受经济条件、生活环境和自身发展因素等的影响,仍有一部分农民对如何实现自我人生价值缺乏足够信心,其思想观念往往仍停留在传宗接代、养儿防老等一些传统观念上,对于如何实现崇高价值追求缺乏足够的兴趣,对于如何去追求和实现更加美好幸福的生活缺少具体的目标、方法和可行路径,大多安于现状,缺乏改变或突破现状的行动、信心及目标。调查显示,在关于"您认为家乡农民抵制赌博等庸俗化、低俗化娱乐活动的表现如何?"的调查中,66 人选择了"非常好",占调查人数的 11.1% ;145 人选择了"比较好",占调查人数的 24.3% ;260 人选择了"一般",占调查人数的 43.6% ;106 人选择了"比较差",占调查人数的 17.8% ;19 人选择了"很差",占调查人数的 3.2% ,具体见表 3 - 33 和图 3 - 12。可以看出,有 35.4% 的调查人员认为农民抵制赌博等庸俗化、低俗化娱乐活动的表现非常好和比较好,这部分农民能够比较好地抵制各种庸俗化、低俗化文化娱乐活动的影响,有着较高的思想觉悟和较为崇高的价值追求。同时，我们也要看到，61.4%的调查人员认为农民抵制赌博等庸俗化、低俗化娱乐活动的表现一般或者比较差。另外，还有3.2%的调查人员认为其在抵制庸俗化、低俗化活动的表现仍然很差，表明仍有一部分农民受到庸俗化、低俗化活动的影响和冲击仍较大，尤其是在农村的各种文化娱乐活动数量都较少的情况下，其更容易受到各种庸俗化、低俗化活动的影响和冲击，其在锤炼和提升个人道德情操以及实现自我价值方面缺少更多的目标追求、行动。农民长时间受到这些低俗、庸俗的趣味活动的浸染，以及长时间受拜金主义、享乐主义、消费主义等社会思潮的影响，就会导致各种道德规范和乡规民约对农民的影响和约束弱化，并容易使农民滋生各种消极、腐化、庸俗化、低俗化的思想，并制约着农民的崇高价值追求。

表3-33　　　关于"您认为家乡农民抵制赌博等庸俗化、低俗化
娱乐活动的表现如何?"的调查情况

选项	小计（人）	比例（%）
A. 非常好	66	11.1
B. 比较好	145	24.3
C. 一般	260	43.6
D. 比较差	106	17.8
E. 很差	19	3.2
本题有效填写人次	596	100

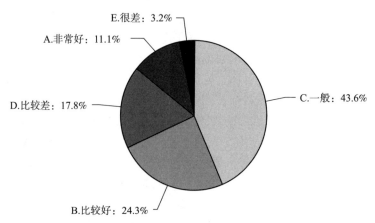

图3-12　关于"您认为家乡农民抵制赌博等庸俗化、低俗化娱乐
活动的表现如何?"的调查对象分布情况

4. 文化自觉养成状况

国家深入实施乡村振兴战略，不仅推动了乡村经济社会发展和居民收入水平的提升，广大农民的获得感、幸福感、安全感也不断增强，而且广大农村的村容村貌也发生了深刻的变化，国家加大了对乡村特色文化小镇、特色古村落等的开发和建设力度，加大对乡村特色文化和优秀传统文化的挖掘、传承、保护和弘扬力度，加强对乡土文化和优秀传统文化的保护和发展，同时也有效地吸引了游客的参观并促进居民收入水平的提升，有效地增强了广大农民对传承和弘扬优秀传统文化的信心，增强了文化自信，同时也促使其文化自觉、行动自觉的养成。但是，我们也要看到，一些农村地区的优秀传统乡土文化尚未得到充分的挖掘、传承和实现创造性转化和创新性发展，农民并未从优秀传统乡土文化的传承和创新中实现自己的价值，这些优秀传统文化也未能成为农民的精神食粮。因此，在市场经济发展和外来文化的冲击下，传统优秀乡土文化呈现衰落趋势，并导致农民对优秀传统乡土文化缺乏足够的自信，影响着其对优秀传统乡土文化的文化认同和文化自信。调查显示，在关于"您认为家乡农民对外弘扬和宣传当地优秀传统乡土文化的自信心如何？"的调查中，85人选择了"非常有信心"，占调查人数的14.3%；171人选择了"比较有信心"，占调查人数的28.7%；263人选择了"一般"，占调查人数的44.1%；69人选择了"没什么信心"，占调查人数的11.6%；8人选择了"没有信心"，占调查人数的1.3%，具体见表3－34和图3－13。可以看出，有43.0%的调查人员认为农民对弘扬和宣传当地优秀传统乡土文化非常有自信心和比较有自信心，表明已有一部分农民对家乡的优秀传统乡土文化还是比较自信的，也反映了一部分农村地区在挖掘、传承和弘扬优秀传统乡土文化方面的工作做得比较好，显著增强了当地农民的自信心。但是，我们也要看到，有55.7%的调查人员认为农民对弘扬和宣传当地优秀传统乡土文化的自信心表现一般或没什么信心。另外，还有1.3%的调查人员认为农民在弘扬优秀传统乡土文化方面没有信心，这表明还需要进一步加强对优秀传统乡土文化的挖掘、传承和弘扬，以更好地增强农民对外弘扬和宣传当地优秀传统乡土文化的自信心。

表3-34 关于"您认为家乡农民对外弘扬和宣传当地优秀传统乡土文化的自信心如何?"的调查情况

选项	小计（人）	比例（%）
A. 非常有信心	85	14.3
B. 比较有信心	171	28.7
C. 一般	263	44.1
D. 没什么信心	69	11.6
E. 没有信心	8	1.3
本题有效填写人次	596	100

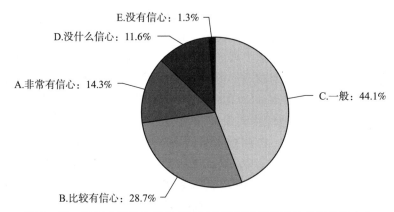

图3-13 关于"您认为家乡农民对外弘扬和宣传当地优秀传统乡土
文化的自信心如何?"的调查对象分布情况

三、本 章 小 结

本章采用问卷调查法、访谈法等方法，以广西农村为例，对乡村振兴进程中农民的文化贫困及其治理状况进行了深入调查和分析。其中，从现代观念形成、主体性意识觉醒、时代精神弘扬、"四德"观念建设等角度研究了观念文化贫困问题，从价值观认同教育、新型职业农民素养培育、思想理论教育、科学思维方式掌握等角度研究了思想文化贫困问题，并从精神文化生活需要、理想信念坚守、崇高价值追求、文化自觉养成等角度研究了精神文化贫困问题。

通过 SPSS 软件，对农民文化贫困的调查结果进行频率分析、描述性分析、信度和效度分析、相关性分析。可以看出，问卷调查结果具有较高的可信度和有效性，观念文化贫困、思想文化贫困、精神文化贫困的各具体指标与农民文化贫困指标的两变量相关性是显著存在的，不同指标与农民文化贫困指标的相关性存在着一定的差异。

　　调研结果显示，第一，在观念文化贫困方面，少部分农民的观念文化贫困程度相对较弱，其思想观念的现代化程度相对较高。但是，仍有一部分农民的观念文化贫困程度要相对深一些，其思想观念的现代化程度则相对较差，仍需进一步增强。同时，还有极少数农民的观念文化贫困程度要更深，其思想观念的现代化程度则很差，其向现代农民转变面临着较大的发展困境。第二，在思想文化贫困方面，少部分农民的思想文化贫困程度相对较弱，其思想理论水平和专业素养相对较高；但是仍有一部分农民的思想文化贫困程度要相对深一些，其思想理论水平和专业素养则相对较差；还有极少数农民的思想文化贫困程度要更深，其思想理论水平和专业素养则很差。第三，在精神文化贫困方面，一部分农民的精神文化贫困程度相对较弱，其精神文化需要得到了较大满足；但是仍有一部分农民的精神文化贫困程度要相对深一些，其精神文化需要的满足程度相对较差；还有极少数农民的精神文化贫困程度要更深，其精神文化需要的满足程度则很差。总之，农民的文化贫困程度在不同个体间存在着差异，其中，一部分农民的思想观念的现代性相对更强，其文化贫困程度相对较弱；但是有一部分农民虽然其思想观念较传统农民的思想观念有了较大的改进，但其与成为一名现代农民仍有较大的差距，这部分农民的文化贫困程度要相对深一些。此外，还有极少数农民的文化贫困程度要更深，这部分农民在物质生活方面虽然脱离了绝对贫困，但是其思想观念要相对保守和传统落后，在其成为一名现代农民所面临的困难要更大。

第四章　乡村振兴进程中农民文化贫困形成的影响因素及治理存在的问题

采用问卷分析法，对乡村振兴进程中农民文化贫困的现实状况及治理状况等内容进行现状调查后可知，农民文化贫困在观念文化贫困、思想文化贫困和精神文化贫困等方面以及其治理上仍存在一些突出问题。那么，农民文化贫困的形成受到哪些因素影响，农民文化贫困治理存在哪些主要问题以及其背后的原因是什么，这些问题是本章需要进一步探讨的内容。

一、乡村振兴进程中农民文化贫困形成的影响因素

农民文化贫困是在多种内、外因素的共同作用下形成的，其中包括传统思想观念、农村经济基础、外部地理环境、思想政治教育缺乏、公共文化服务供给、农民内生发展能力等因素。调查结果显示，在关于"您认为影响家乡农民的思想观念由传统观念向现代观念转变的原因主要有哪些？"的调查中，420人选择了"传统思想观念的影响"，占调查人数的70.47%；507人选择了"农村经济基础的影响"，占调查人数的85.07%；165人选择了"外部地理环境的影响"，占调查人数的27.68%；245人选择了"思想政治教育的影响"，占调查人数的41.11%；198人选择了"公共文化服务供给的影响"，占调查人数的33.22%；146人选择了"农民内生发展能力的影响"，占调查人数的24.5%，具体见表4-1和图4-1。第一，调查对象选择比例最高的选项是"农村经济基础的影响"，其占调查人数的85.07%，表明农村经济基础对农民的思想观念影响较大，是农民文化贫困的重要成因；第二，调查对象选择比例排名第二的选项是"传统思想观念的影响"，其占调查人数的70.47%，表明传统思想观念是制约人的思想和观念转变的重要因素；第三，其他四个选项按

调查人数选择比例从高到低进行排序（其中，括号内为调查人数选择比例）的顺序依次为："思想政治教育的影响"（41.11%）、"公共文化服务供给的影响"（33.22%）、"外部地理环境的影响"（27.68%）、"农民内生发展能力的影响"（24.50%）。可以看出，思想政治教育和公共文化服务供给两者的重要性相对要大一些，但同时也不能忽视"外部地理环境"和"农民内生发展能力"对农民文化贫困的影响。

表4-1 关于"您认为影响家乡农民的思想观念由传统观念向现代观念转变的原因主要有哪些?"的调查情况

选项	小计（人）	比例（%）
A. 传统思想观念的影响	420	70.47
B. 农村经济基础的影响	507	85.07
C. 外部地理环境的影响	165	27.68
D. 思想政治教育的影响	245	41.11
E. 公共文化服务供给的影响	198	33.22
F. 农民内生发展能力的影响	146	24.50
本题有效填写人次	596	

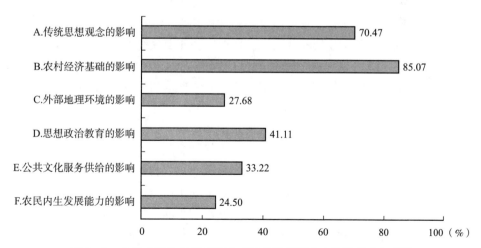

图4-1 关于"您认为影响家乡农民的思想观念由传统观念向现代观念转变的原因主要有哪些?"的调查对象分布情况

(一) 传统思想观念造成的影响

在乡村振兴进程中,虽然大部分农民的思想观念都有了较大的改变,其现代观念意识不断增强,其主动性、能动性和创造性也不断增强,能够较好或主动地适应乡村振兴的需要。但是,我们仍要看到,大部分农民仍然存在一些陈旧、落后的思想观念,这主要是在长期的经济社会发展过程中受传统思想观念等多方面因素的影响而逐渐形成的,难以在短期内根除或彻底改变这些陈旧、落后的思想观念。在广大农村地区,与具有现代文明气息的城镇之间的距离不同,当地农民的思想观念也会存在着较大差异。一般来说,邻近城镇地区的农村,当地农民会受到城镇地区的现代文明气息的影响,思想观念的现代性会更强一些,文化贫困程度总体上也会弱一些;但是,在远离城镇地区且比较偏僻落后的农村地区,其自然环境和条件则要差一些,虽然实现村村通公路,但是因为外出不太方便,当地居民和外界的交流也会受到较大限制,这些偏远落后地区农民的文化贫困程度相对也要深一些。一直以来,远离城镇地区生活的农民,其各种就业机会和扩大收入来源的机会也相对较少,他们从事农业生产,可以保障基本的生活需要,但是农民长期处于对外交流相对较少的环境当中,习惯于按固定的生活方式生活,其思想观念往往缺乏创新精神,甚至比较落后,思维模式也会有一些固化,其精神生活需要也将难以得到充分、有效的满足和保障,而其精神文化需求的不足和在这种环境下长期生活,又会容易导致农民缺乏远见,视野会变得有些狭隘。同时,由于其文化水平和受教育程度总体上不高,在传统思想观念的潜移默化的影响下,一些农民容易陷入封建迷信,甚至产生愚昧的信仰和风俗习惯。因此,一些农村地区的封建迷信的氛围会相对比较浓厚,并且在落后观念和陈旧思维的"惯性"作用下,其对农民接受新思想、新观念的进度有着较大的限制或影响。①

但是,在一些农村地区,一些农民的市场观念相对比较强,善于发现和抓住市场商机,通过发展种植业、养殖业和畜牧业等农村特色产业,使自己收入水平有了提高、家庭生活质量有了改善,也推动了自身的发展和实现了自身的价值。但是,我们也要看到,仍有一部分农民的小农经济意识仍比较强,习惯了传统自给自足的生活方式,不善于去抓住市场商机,其消费水平也相对较

---

① 王爱桂. 从精神贫困走向精神富裕 [J]. 毛泽东邓小平理论研究, 2018 (5): 44 – 50, 107.

低，缺乏竞争意识，同时也养成了安于现状、追求稳定、惧怕风险的习惯。虽然我国实行改革开放四十余年了，但一些农村地区的经济发展水平依然比较低，甚至一些地区的农民，其文明意识和法治意识仍需进一步增强，家族势力及宗教信仰对当地农民的思想仍产生较大的影响，同时，农民与外界的沟通和交流仍比较少，在各种因素的共同作用下，农民的思想往往被禁锢，也容易导致农民满足于现状，自身发展动能仍需不断增强。[①] 同时，由于农民自身的意识总体上仍有些保守，仍缺乏改革创新和冒险的精神，仍习惯安于现状，容易对外来的陌生事物或新生事物产生恐惧或抗拒心理；甚至在遇到困难时，容易陷入自我怀疑，对改变现状仍缺乏足够的信心，并将自己的生活状况较差归咎于不利的外部因素。因此，要想在短期内改变农民的落后的思维方式，改变其价值观念，仍任重而道远。[①] 调查显示，在关于"您认为家乡农民具有科学、平等、公正、法治等现代观念的程度如何？"的调查中，12.9%的被调研人员认为"非常好"，29.7%的被调研人员认为"比较好"，44.97%的被调研人员认为"一般"，11.24%的被调研人员认为"比较差"，1.17%的被调研人员认为"很差"。由此可见，一部分农民的思想观念已经具有现代化的思想观念或意识，其思想观念与农业农村现代化的发展需要也较适应；但是仍有相当一部分农民的思想观念不具有现代性，其思想观念仍有较大的改善空间。

（二）农村经济基础薄弱造成的影响

在乡村振兴的进程中，虽然一些农村地区受城镇经济辐射和带动的影响，其经济发展实力不断提升，经济规模不断扩大，对农民的思想观念的改变和革新也产生了较大影响，尤其是农民的市场竞争意识、主体性意识等不断增强，但是，我们仍要看到，大部分农村地区的经济基础仍比较薄弱，甚至一些农村的集体经济产业也比较缺乏，这在较大程度上制约着农民的思想观念的解放和革新。在广大农村地区，不同地区的农业农村发展差距较大。一些农村地区，通过发展特色农业和特色产业，建立了一定的经济发展基础；但是也有一些农村地区的经济发展总体上仍比较落后，仍然以传统种植业、养殖业为主，缺乏

---

① 柳礼泉，杨葵. 精神贫困：贫困群众内生动力的缺失与重塑 [J]. 湖湘论坛, 2019, 32 (1): 106–113.

相应的特色产业发展基础和优势。2018 年广西乡村文化振兴调研团队的调研结果显示，认为农村有"地方特色农业产业""地方特色旅游业""市场贸易""生态旅游业""高科技农业产业"的调研对象比例分别为 40.80%、14.70%、13.70%、12.50%、4.30%，然而，认为农村"没有产业"的调研对象比例达到 50.00%，[①] 表明大部分农村仍缺乏自身的特色产业，尤其是高技术含量、高附加值的产业更是缺乏。表 4-2 反映了西部农村地区农林牧渔业总产值（按可比价格计算）及占全国的比重情况，可以看出，西部农村地区的农林牧渔业总产值占全国的比重都较小，且其增长幅度也较小，表明大部分偏远落后农村地区的经济发展仍比较落后。表 4-3 是 2018~2019 年西部农村地区社会消费品零售额的情况，可以看出，除了四川以外，其他西部地区的农村社会消费品零售额占全国的比重都低于 3%，可见，大部分农村地区的居民消费能力和水平总体上都较低。在农村以传统农业占据主导地位的小农生产和发展环境当中，各种影响经济发展的因素变化多样，且相互交织，互相作用，如果只是针对其中一种因素进行改变，难以从根本上推动农村地区的经济增长，同时也难以抵消其他因素所起的负面作用，难以从根本上提升当地的经济发展水平，同时也面临着高昂的经济成本，对当地来说也将是极大的负担，在经济发展水平比较落后的情况下，要转变农民的思想观念和满足其精神文化需求面临着较大的困难。推动农村经济发展是解决农民文化贫困问题的重要基础，没有农村的经济发展，就无法实现农村发展资金、劳动力等要素资源的可持续发展，就难以为农民文化贫困治理提供坚实的支撑和保障，笔者于 2018 年在对广西柳州 BS 镇、来宾市金秀县 LD 村、河池市 HZ 村等地的调研中发现，大多农村的经济基础比较薄弱，大部分偏远的农村基本没有自己的产业经济，由于缺劳动力、资金、市场、技术、人才，农村的集体经济很难发展得起来。虽然发展农村旅游、生态旅游是大部分旅游资源丰富的农村地区的重要发展目标，也是重要的内生推动力，但是，偏远山村往往缺乏发展乡村旅游业的基础和条件，培育乡村的经济发展动力也将是一个漫长的发展过程，这不利于深入推动农民文化贫困问题的解决。

---

① 贺祖斌，林春逸，肖富群，等. 广西乡村振兴战略与实践·文化卷 [M]. 桂林：广西师范大学出版社，2009：123.

表 4 - 2
2019 年西部农村地区农林牧渔业总产值
（按可比价格计算）及占全国的比重

地区	农林牧渔业总产值 （亿元）	2019 年比 2018 年 增减百分比（％）	占全国的比重 （％）
内蒙古	3049. 3	2. 1	2. 6
广西	5143. 1	4. 8	4. 4
重庆	2109. 6	2. 8	1. 8
四川	7384	2. 6	6. 3
贵州	3833. 4	5. 9	3. 3
云南	4340. 4	5. 6	3. 7
西藏	210. 5	7. 7	0. 2
陕西	3379. 9	4. 3	2. 9
甘肃	1756. 3	5. 8	1. 5
青海	424. 7	4. 6	0. 4
宁夏	593. 4	3. 1	0. 5
新疆	3765. 4	3. 5	3. 2

表 4 - 3
2018 ~ 2019 年西部农村地区社会消费品零售额

地区	2018 年		2019 年	
	社会消费品零售额 （亿元）	占全国的比重 （％）	社会消费品零售额 （亿元）	占全国的比重 （％）
内蒙古	909. 6	1. 64	581. 9	1. 05
广西	1050. 8	1. 90	950. 3	1. 72
重庆	421. 4	0. 76	1549. 6	2. 80
四川	3864. 4	6. 98	4117. 6	7. 43
贵州	490. 4	0. 89	859. 8	1. 55
云南	947. 6	1. 71	1305. 2	2. 36
西藏	96. 2	0. 17	118. 1	0. 21
陕西	1072. 2	1. 94	1122. 9	2. 03

续表

地区	2018 年		2019 年	
	社会消费品零售额（亿元）	占全国的比重（%）	社会消费品零售额（亿元）	占全国的比重（%）
甘肃	650.1	1.17	645	1.16
青海	166.3	0.30	172.4	0.31
宁夏	81.5	0.15	190.3	0.34
新疆	304.7	0.55	490.3	0.89

同时，我们还可以看到，由于农村的经济基础比较薄弱，因此农村的教育资源少，基础设施也不完善，大部分农民接受的教育有限，文化程度低，习得的知识和技能也有限，就业机会少，发展空间小，劳动和收益不平衡。虽然农民投入的劳动量大，但是难以获得理想的收入，因此，农民在权衡利弊之后，一般会选择利用自然资源，努力实现自给自足，但这样难以有效刺激农民加大农业生产投资和其他服务业的投资力度，反过来也不利于推动农村的经济发展。一般来说，传统的农业生产活动重复性强，无论是生产方式还是思维和实践都极具重复性，同时生产的风险也相对较小，但传统农业生产活动的思维与现代化市场经济的思维存在较大的差异，在农民自身经济实力、承担风险能力以及生产实践经验都比较有限的情况下，要让农民突破原有的生产和生活方式并实现改革创新面临着较大的难度。因此，农民往往凭借着过去的生产、生活经验，沿袭过去的生活方式和传统习俗来从事生产经营活动。与此同时，农民对土地等自然资源的依赖性相对较强，农民的市场经济意识仍比较有限，要培育诸如商品意识、竞争意识、创新意识等将面临较大的难度。①

虽然在改革开放以后，农村经济社会获得了较大的发展，农村的贫困状况也有了很大的改善，2020 年摆脱了绝对贫困并全面建成了小康社会，但是城乡经济发展的差距仍较大，农村经济发展水平仍较低，农民收入水平总体上仍有待提升，农村教育、医疗、公共文化服务、社会保障等事业的发展仍有较大的发展空间，而推动农村社会事业发展与满足农民精神文化需求息息相关，一旦农村社会事业发展受限，农民日益增长的物质生活需要和精神文化生活需求

---

① 余德华. 论精神贫困 [J]. 哲学研究，2002（12）：15 – 20.

都会受到影响。与此同时，农村在经济上和文化上的发展都较为落后，农村产业发展相对比较单一，农民受教育程度总体上仍比较低，主要以传统种植业、养殖业为生，经济收入水平相对较低，难以充分有效满足农民的多样化、差异化物质生活和精神文化生活需要。而且，大部分青壮年农民选择外出务工，造成农村青壮年劳动力相对比较缺失，农村老人和小孩留守现象以及老龄化问题相对比较突出，这也将影响着农村特色产业的发展，并对农民日益增长的美好精神文化需要造成较大影响。2018 年广西乡村文化振兴调研团队的调研结果显示，认为乡村的外出打工人员主要是"青壮年""家庭主要劳动力""成年人"调研对象的比例分别是 80.10%、64.10%、60.90%，表明乡村的青壮年、家庭主要劳动力、成年人都选择外出打工，导致留守农村的人员主要是老年人、儿童、妇女等，导致乡村的农业劳动力会出现严重不足。① 经济基础水平的高低决定了人们的思维高度的高低，由于城乡之间的经济发展水平仍存在较大差距，与城市相比，农村在物质上总是相对匮乏的，这也使得农民容易不自信，不断否定自我价值，缺乏主动性和自信心，容易造成文化贫困状态。②③

（三）外部地理环境不优的影响

在乡村振兴的进程中，虽然广大农村地区实现了公路"村村通"，有效打通了农村地区与外界的交通连接，促进了农村地区与农村地区、农村地区与城镇地区的沟通和交流，给广大农民也带来了巨大的交通便利，但是我们仍要看到，部分农村地区由于远离城镇地区，比较缺乏汽车等出行交通工具，且这些地区比较偏远或地理环境较差，制约了当地农民与外界的沟通和交流，制约了其思想观念的改进和革新。造成文化贫困的产生、延续和深化的一个重要因素是自然环境较差或相对较封闭，如交通不便、与外界的交流缺乏、信息短缺等。在农村地区，地理环境的不优导致以种地养家糊口的农民对土地依赖性强，导致农村在社会经济中占据主导地位的产业仍是传统农业。在广大农村地

① 贺祖斌，林春逸，肖富群，等. 广西乡村振兴战略与实践·文化卷［M］. 桂林：广西师范大学出版社，2009：121.

② 刘欢，韩广富. 后脱贫时代农村精神贫困治理的现实思考［J］. 甘肃社会科学，2020（4）：170 – 178.

③ 杜彬武. 农村思想政治工作在精准扶贫中的作用［J］. 农村经济与科技，2018，29（3）：264 – 265.

区，土地往往局限了村民的生活，村民们更像生活在一个"礼俗"社会，而不是"法理"的社会，即在这些地方，村民与村民之间以"熟人社会"为主，更注重"人治"而非"法治"，办事也往往凭借人们之间的亲疏远近来办理，人们之间保持着重亲厚友的习惯，而处于这种社会中的人们始终秉持和谐、互帮互助的邻里价值观，处于广大农村社会的人们，还需要遵守当地的社会规范，若有违背，便会遭到其他村民的道德谴责和排斥。生活在交通环境相对封闭的乡村里，农民的乡土观念根深蒂固，往往有安土重迁的心理①。自然条件和社会条件的先天性不足不仅使农村地区的村民形成乡土观念，还容易使村民产生落后的价值理念，而且交通上的不便导致与外界交流困难，信息传递少，与外界的交流也相对较少，其社会经济关系被局限在家庭、宗教、邻里、亲友、村落等血缘及狭窄地缘社区，文化缺少碰撞，较为单一，这是农民文化贫困产生的地域性土壤。② 因而，在农村地区生活的人们容易墨守成规而缺乏改革创新的精神，虽然农村经济和社会也在不断发展和转型，但农民在精神文化层面上的发展总体上仍比较滞后，例如改变其理想、信仰、价值观等方面的难度相对较大。这与城镇地区存在明显差距，相较于农村地区，城市地区拥有更为积极进取、敢于创新的精神面貌，但是农村地区的环境不利于农民竞争意识、开放意识、进取精神的形成，难以快速跟得上市场经济发展的步伐。③

在空间上，广大农民处于经济发展落后的农村环境中，他们的生产生活模式相对单一，个人的主观能动性发挥也受到较大的约束，农民往往凭借经验主义的既定模式来应对现实生活中出现的各种突发问题和状况，人们之间的市场交往相对较少，一般通过自己的养殖和种植来满足其基本的衣、食、住、行需要。农民往往缺乏多余的资金，其参与市场经济活动的范围相对也比较受限。与此同时，由于农民大多在一起聚居，农民个体的言行举止也受制于农村群体的共同价值偏好影响，一旦农民打破常规，背离共同价值观，就可能受到群体的挖苦、嘲笑和讽刺等，以此消解农民个体的"异类"行为，这种排异心理

① 薛世妹. 贫困文化：贫困农村地区贫困的文化分析 [J]. 内蒙古农业大学学报（社会科学版），2009，11（3）：58-61.
② 孙科峰. 文化贫困在甘肃农村贫困地区中的分析与解困 [J]. 天水行政学院学报，2016，17（2）：36-40.
③ 余德华，麻朝晖. 欠发达地区的精神贫困与精神脱贫思路探析 [J]. 毛泽东邓小平理论研究，2002（2）：76-79.

无形中给农民戴上了无形的"精神枷锁"。① 为此，农民生活在这种生产生活方式相对固定、现代元素与工业文明影响不足的农村地区，容易形成保守的思想，容易抗拒和排斥新生事物。② 因此，我们可以看到，局限在特定区域文化里的农民的思维相对比较受限。在农村地区，工农业生产发展空间小，处在低投入、低产出的循环之中，这导致了农村地区的经济发展比较落后。同时，在城乡二元经济社会结构中，城市的现代文明对农村地区的辐射和扩散都较为有限，农民的经济、文化和生活方式都相对比较单一，农民容易存在自卑等消极心态，并容易满足现状。③ 农民长期生活在物质资源和文化资源都相对比较匮乏的环境中，导致农村地区出现物资匮乏和农民精神文明建设落后的状态④，外部地理环境是制约农民实现物质生活和精神生活富裕的重要因素。

（四）思想政治教育供给不足的影响

在乡村振兴的进程中，虽然广大农民接受的职业技术教育或技能培训不断增加，有效增强了广大农民的自我发展能力，但是，我们仍要看到，受制于师资力量、培训资源以及农民的需求迫切状况等多种因素，大多数农民接受的思想政治教育的数量、质量及效果仍较有限，这制约了农民的思想观念、价值观和思维的改进和革新。在广大农村地区，由于受农民自身的文化水平、经济条件以及农村经济发展基础、乡村社会风气以及农民思想政治教育等多种因素的影响，导致农民的世界观、人生观和价值观的形成也受到较大影响，难以有效适应乡村振兴的现实需要。随着城乡一体化进程的持续推进，农民的生活空间也逐步从农村扩展到城市，人口流动现象也频繁增加，信息渠道开始呈现多元化，不同年龄、不同层次的人群，其价值观差异明显，这给在农村地区深入开展农民思想政治教育工作带来新的挑战。⑤ 与此同时，由于农村教育资源比较

① 丁志刚，李航. 精准扶贫中的"精神贫困"及其纾解——基于认知失调理论的视角 [J]. 新疆社会科学，2019（5）：136 - 144，154.
② 杨云峰. 农民工反精神贫困探析——以社会工作视角 [J]. 社会科学战线，2007（5）：192 - 197.
③ 余德华. 论精神贫困 [J]. 哲学研究，2002（12）：15 - 20.
④ 杨建晓. 贫困地区的精神贫困与精神脱贫思路探析 [J]. 安顺学院学报，2017，19（1）：11 - 13.
⑤ 唐萍. 城乡一体化背景下农民价值观由传统向现代的转型 [J]. 学术论坛，2016，39（4）：32 - 36.

少，文化资源相对比较贫乏，农民在知识、理想、道德、信仰、价值观等思想上的塑造主要是靠家族传承和社会潜移默化的渗透，虽然其也通过各种方式了解到社会主义核心价值观的基本内涵，但是仍缺乏对社会主义核心价值观的内涵和本质的全面了解和深刻认识，这也会导致其思想观念出现固化现象，难以从原有的思想观念和思维模式中跳出来，导致其思想观念不能够有效适应经济社会发展的需要，也难以有效推动其实现精神层面上的富裕。[①] 2018 年广西乡村文化振兴调研团队的调研结果显示，认为"村委会""小学老师""外出打工回来的人""新乡贤""妇联""外来媳妇"对农村的道德建设和乡风文明产生影响的比例分别为 82.10%、47.10%、44.80%、25.10%、19.80%、10.80%，结果表明，除了村委会之外，各种政府力量和社会力量在农民的思想政治教育中所发挥的作用仍较为有限。与此同时，调查结果显示，在关于"您认为需要加强家乡农民的社会主义核心价值观的认同教育吗？"的调查中，91.1% 的调研对象认为"需要"，3.2% 的调研对象认为"不需要"，5.7% 的调研对象认为"不清楚"，表明虽然农民对社会主义核心价值观的内涵有基本的了解，其也始终热爱党和国家，始终坚持中国特色社会主义制度和中国共产党的领导，但是其对社会主义核心价值观的内涵和本质仍缺乏全面、深入的了解，以及对如何深入学习践行社会主义核心价值观缺乏深入了解及尚未形成文化自觉，可见，仍需不断加强农民的思想政治教育。与此同时，由于农民的文化水平和受教育程度总体较低，可以参加的各种集体的理论学习机会也相对较少，其自身的思想观念的现代性也有待增强，导致其创造的各种精神财富仍较有限，一些农民的"智"和"志"都需要进一步增强。[②]并且，由于农民受传统观念的影响往往较深，接受的教育也相对较有限，较少在农业劳作过程中学习科学文化知识，更较少额外花时间去接受职业培训，相反，他们可能更倾向于求神拜佛，以此追求心理安慰，或是寄希望于天降横财，又或者是无所事事，这些都使其美好精神文化需求的满足受到较大的限制。[②]

当前，在广大农村地区，教育水平总体上仍需进一步提升。教育与文化息息相关，农村教育发展状况及农民接受教育或技能培训状况是影响农民文化贫困的重要因素。由于农村地区的科学文化教育事业发展相对比较落后，农民可

① 王爱桂.从精神贫困走向精神富裕［J］.毛泽东邓小平理论研究，2018（5）：44-50，107.
② 郭萌，王怡.深度贫困县精神贫困的致贫机理及脱贫路径［J］.商洛学院学报，2018，32（2）：6-12.

接受的教育机会总体上也相对有限，并且农村的文化基础设施不齐全以及农民的文化水平总体上仍较低，导致农民的思想、信仰、道德和价值观的形成主要是依靠前人和社会的示范影响而形成，并影响和渗透到农民生活的各方面，进而影响农民的思维和行为，并导致人们的思想、信仰、价值观等出现滞后现象，并难以有效适应市场经济和社会变革的现实需要。① 同时，农村地区的教育水平低下，这也对健全人格的塑造产生较大影响，难以有效推动农民彻底完成现代性转变，对农民的现代性转变产生不利影响。② 此外，农村基层政府工作人员在培育和践行社会主义核心价值观时，所采用的策略仍不够多元化、大众化。由于信息技术发展过于迅速，信息量大而广泛，群众的选择多，容易给群众造成思想混乱，这要求群众需要具备一定的甄别能力，避免群众的思想受到各种干扰，然而，面对新的现实条件时，不少村"两委"干部在对农民进行思想政治工作时遭遇困境，普遍认为老方法已经不适用，也不知道如何使用新方法，而且还不能使用硬方法，可使用软方法又不管用；一些农村基层干部在农村地区推进社会主义核心价值观教育时，受到以往经验主义的影响，往往采用旧的经验模式，将农民集中起来对其进行思想灌输，通过贴标语、念文件和开大会等宣传方式开展社会主义核心价值观教育，但该种宣传形式也较为刻板，且缺乏开拓创新的主观能动性；还有一些村干部在开展工作时脱离了群众，对群众所关心的问题了解不够，未能满足其需求，仅仅对上级下达的文件进行照搬、照套，这就导致群众被动地接受宣传教育，缺乏自觉性和自发性，对社会主义核心价值观的认识仅仅停留在表层，理解不够透彻，未能自觉践行社会主义核心价值观。③

（五）公共文化服务保障不足的影响

在乡村振兴的进程中，虽然政府部门对农村的公共服务投入不断增加，有效改善了农村的公共文化服务状况，提升了农村的公共文化服务能力，而且也

---

① 麻朝晖. 贫困与精神贫困——欠发达地区农村贫困"钢性"探究［J］. 丽水师范专科学校学报，2001（6）：8 - 12.

② 黄帅，李丹丹. 新农村建设中的农村文化贫困解析［J］. 西昌学院学报（社会科学版），2010，22（2）：69 - 72.

③ 李振华. 培育农民社会主义核心价值观助推乡村振兴路径［EB/OL］. http：//www. djcx. com/file_read. aspx？id =33827，2018 - 12 - 29.

显著增强了农村的公共文化服务保障能力，为满足广大农民的精神文化需求提供了坚实的保障。但是，我们仍要看到，农村的公共文化服务保障能力总体上仍比较薄弱，现有的公共文化服务资源投入数量、种类和质量远不能满足乡村文化振兴的需要，更难以充分满足广大农民的精神文化需求，这制约了农民文化贫困问题的解决。随着农村地区经济的发展，农民的物质生活得到了提高，其文化需求也随之增加，像读书、看报、看电视和听广播这样简单的文化生活已经满足不了农民对高层次和多样化精神文化的需求。调查结果显示，在关于"您认为家乡农民参与的弘扬主旋律的文化娱乐活动的形式和内容丰富吗?"的调查中，9.9%的调研对象认为"非常丰富"，23.66%的调研对象认为"比较丰富"，37.58%的调研对象认为"一般"，21.81%的调研对象认为"不太丰富"，7.05%的调研对象认为"没有文化娱乐活动"。结果表明，已有一部分农民的精神文化活动的内容和形式都比较丰富，能够较好地满足自身的文化娱乐活动需要，但是，仍有一部分农民的文化娱乐活动总体上仍较少或者其文化娱乐活动形式仍不够多样。同时，由于城乡差距比较大，农村文化机构数量比较少，农村地区的公共文化资源仍较为匮乏。本书选取了西部地区12个省份的农村文化机构的数量进行了对比分析（结果如表4-4所示），在2019年西部地区的农村文化机构数量中，乡镇文化站相对较多的省份是四川，其文化机构数也仅为4063个；其次是贵州、云南、甘肃、陕西、广西、新疆，其文化机构数分别为1394个、1301个、1231个、1192个、1127个、1009个，其个数仅仅介于1000~1400个之间。此外，内蒙古、重庆、西藏、青海、宁夏的文化机构数分别为873个、814个、684个、361个、200个，其数量均低于1000个。由此可见，现有的农村文化机构的数量远远不能满足乡村振兴的需要。同时，农村地区虽然受到了政府的政策扶持，也拥有丰富的资源，但由于受发展环境和条件的制约，以及缺乏合理的统筹规划，以致无法将资源的作用最大限度地发挥出来。① 很多农村地区的公共文化产品存在供给和保障不足的情况，可供农民选择的健康的文化休闲方式也有限，这些都是影响农村地区农民文化贫困问题解决的重要因素。②

---

① 陆和建，涂新宇，张晗. 我国农家书屋开展文化精准扶贫对策探析［J］. 图书情报知识，2018（3）：35-44.
② 柳礼泉，杨葵. 精神贫困：贫困群众内生动力的缺失与重塑［J］. 湖湘论坛，2019，32（1）：106-113.

表4-4　　　　　　　　2019年西部地区12个省份的农村文化机构情况

地区	乡镇文化站（个）	地区	乡镇文化站（个）
内蒙古	873	西藏	684
广西	1127	陕西	1192
重庆	814	甘肃	1231
四川	4063	青海	361
贵州	1394	宁夏	200
云南	1301	新疆	1009

资料来源：《中国农村统计年鉴（2020年）》。

由表4-4可以看出，第一，农村地区能够提供给农民的公共文化产品仍不够多元且资源较为有限，总体上仍比较缺乏群众喜闻乐见的文化产品和服务，要想激起农民的情感共鸣和认同感仍需加大对农村公共文化产品的建设力度[1]。第二，农村地区公共文化产品的选择相对较少，农民能够开展的精神文化活动的形式也较少，一般主要是跳广场舞、放电影和文化表演，虽然农民对电影放映和文艺演出类等公共文化服务供给项目比较喜欢，但能提供这类服务的数量总体上仍较少，并且较少有农民去书屋看书，因此很难满足农民的精神文化需求，[2] 农民自觉、自发地利用基层政府修建的文化设施开展文化活动的意识薄弱，[3] 缺乏有效的公共文化服务供给。[4] 第三，地方政府在农村地区投入的公共文化建设的经费远远不足，地方财政在对农村文化事业资金分配上一般都少于其他事业，并且由于农村集体经济发展较为落后，资金相对比较短缺，且投入到公共文化活动中的资金也较有限，制约了农村公共文化事业的发展[5]。第四，在农村地区，公共服务人才相对比较缺少，很大程度上制约了农

① 欧阳雪梅. 振兴乡村文化面临的挑战及实践路径 [J]. 毛泽东邓小平理论研究，2018（5）：30 - 36，107.

② 周新辉，刘佳. 农村公共文化服务体系建设现状及多维思考——以山东省为例 [J]. 安徽农业科学，2017，45（22）：203 - 206，246.

③ 马秋茜. 完善河北省农村公共文化服务设施的路径选择 [J]. 河北学刊，2013，33（1）：199 - 201.

④ 曹佳蕾. 供给侧改革下安徽贫困地区公共文化服务供给运行机制 [J]. 安庆师范大学学报（社会科学版），2019，38（5）：69 - 73.

⑤ 秦存强，郁大海，支秋霞. 当代农村女性文化贫困现状与对策 [J]. 理论观察，2009（5）：108 - 111.

村公共文化的建设进程,① 例如农家书屋缺少专人管理,平时不得不处于关闭状态,导致农家书屋的功能无法正常发挥,未能很好地起到传播知识、推广农技、文化娱乐的作用②。第五,由于农村提供的公共文化服务供给主要是自上而下、送文化下乡的方式,例如送文艺演出、送图书和送电影等,这些举措未能激发农民对于自身文化的认同和主体性意识,农民喜闻乐见的文化活动也相对较少,未能有效带动农民的积极参与,难以有效满足农民的多样化、差异化、多元化的公共文化需求,也导致农村地区公共文化服务和产品处于供、需失衡的状态。③

(六) 农民内生发展能力不强的影响

在乡村振兴的进程中,虽然农民接受了职业技术教育和技能培训,向先进榜样学习,在实践中总结经验,有效增强了自身的内生发展能力,促进了其积极性、主动性和创造性的增强,但是,我们仍要看到,大部分农民的内生发展能力总体上仍比较薄弱,仍难以充分有效适应乡村振兴的需要,其积极性、主动性和创造性仍未充分激发出来,制约了其自身的自由全面发展。农民内生发展能力是影响农村地区农民文化贫困的重要因素,也是影响农民积极性、主动性和创造性发挥的重要因素。在全面建成小康社会以后,要发挥农民在乡村振兴中的重要推动作用,解决农民的观念、思想和精神等方面的文化贫困问题至关重要,同时由于文化贫困治理的难度和复杂度较大,农民文化贫困治理也面临着严峻的挑战。农民的内生发展能力是农民发挥自身的知识、劳动力等优势,在生产经营活动中实现自我发展和实现自身价值的一种内生性综合发展能力,也是其应对社会错综复杂问题和挑战的一种应对能力。农民的内生发展能力是一种综合发展能力,涉及农民在经济、政治、社会、文化等方面所具有的发展能力以及应对复杂问题的能力。在广大农村,一部分农民内生发展能力相对较强,其能够较好地适应乡村经济社会发展以及农业农村现代化的需要,其积极参与市场经济发展的主动性、能动性和创造性相对较强,其物质生活和精

---

① 周新辉,刘佳. 农村公共文化服务体系建设现状及多维思考——以山东省为例 [J]. 安徽农业科学,2017,45 (22):203-206,246.

② 陈建. 乡村振兴中的农村公共文化服务功能性失灵问题 [J]. 图书馆论坛,2019,39 (7):42-49.

③ 周正刚. 加强湖南农村公共文化服务体系建设的探讨 [J]. 湖湘论坛,2008 (6):50-52,76.

神生活都较丰富，其也在推动自身可持续发展方面找到了一条发展之路。但是，我们也要看到，仍有相当一部分农民的内生发展能力总体上仍较低，难以有效应对当前或现代经济社会发展的现实需要，使其在当前的市场竞争中缺乏足够的自信心，难以有效融入经济社会发展当中。例如，在经济方面，一些农民往往缺乏足够的参与市场竞争的资源、资本、技术和管理经验等，把握市场的特征和规律的能力也较弱，投资能力和意识弱，应对和承担市场风险的能力薄弱；在政治方面，参与基层政治的意识不强，参政能力不足；在社会方面，社会交往范围比较局限，社会关系比较窄，社会资源比较缺乏；在文化方面，综合文化素养和水平不高，思想和观念保守，价值观念多元化、庸俗化，精神文化需求得不到满足等。①农民在政治、经济、社会和文化等方面的诸多不足，制约着其自我发展能力的提升，导致其发展远滞后于经济社会发展的现实需要，难以快速、有效地融入经济社会发展当中，也使其自身的发展受到了极大的限制，更难以满足其物质上和精神上的各种美好生活需要。因此，其各种落后的思想、行为习惯和价值观念的转变存在着较大难度。调查显示，在关于"您认为家乡农民在解决各种问题和纠纷时表现出来的主动性、能动性和创造性怎么样？"的调查中，11.2%的调研对象认为"非常好"，29.9%的调研对象认为"比较好"，44.0%的调研对象认为"一般"，12.9%的调研对象认为"比较差"，2.0%的调研对象认为"很差"，表明一部分农民具有较好的主动性、能动性和创造性，其在乡村振兴中能够较好地发挥其主动性、能动性和创造性，但是，仍有相当一部分农民的主动性、能动性和创造性尚未得到充分激发，这部分农民大多以传统的农业生产和家务活动为主，其市场经济意识、改变现状和实现自我发展的意愿相对较为薄弱，这在较大程度上制约着其自我发展。农民内生发展能力的不足或缺乏导致农民的各种生活方式、生活习惯、行为方式和思想观念难以发生根本性的转变，从而制约着其思想的解放，生产经营活动也受到思想和能力的约束，其观念、思想和精神贫困的问题也将更加突出。为此，需要通过加强思想和文化教育，促进其思想解放，并为其提供各种资金和政策支持等，激发农民的内生发展动力，促使其坚定信心实现脱贫致富，不断满足自身对美好生活的向往，实现物质生活和精神生活的共同富裕。

---

① 郭劲光，俎邵静. 参与式模式下贫困农民内生发展能力培育研究［J］. 华侨大学学报（哲学社会科学版），2018（4）：117-127.

二、乡村振兴进程中农民文化贫困治理存在的主要问题

在乡村振兴进程中，农民文化贫困治理面临着一些严峻的问题和挑战，主要表现在农民文化贫困治理的主体合力不强、资源整合优化不足、方式创新不足、机制不健全等方面。

（一）农民文化贫困治理主体合力不强

在乡村振兴的进程中，虽然一些社会机构和力量通过社会投资、志愿服务等方式，积极参与到乡村建设中，对推动农民文化贫困治理起到了积极的推动作用，但是，我们仍要看到，这些社会机构和组织积极与地方政府部门合力解决农民文化贫困的意愿仍然不强，因此其合作效果也就大打折扣。同时，参与到乡村建设中的社会机构的数量和力量仍较有限，在乡村文化贫困治理主体和资源都比较有限的条件下，现有的治理主体和数量及其治理合力仍远不能满足实现乡村文化振兴的现实需要，所以在深入解决农民文化贫困治理问题方面所起到的作用仍较有限。农民文化贫困治理主体合力不强，是乡村振兴进程中农民文化贫困治理存在的主要问题之一。在不同农村地区，基层政府部门、村民自治组织、社会公益组织和乡镇企业等机构和组织在参与到乡村治理体系建设，以及推动农民实现自由全面发展中的支持力度及发挥的作用存在较大的差异，这不仅与农村地区基层政府部门、村民自治组织、社会公益组织和乡镇企业等机构和组织在农村地区的业务开展、资源投入和发展基础等因素密切相关，而且与农村地区的经济发展水平及其经济社会发展环境等因素密切相关。这些因素叠加在一起，导致农村尚未形成协调统一的乡村文化贫困治理步伐及合理、科学的资源配置体系，农民文化贫困治理主体合力总体上仍不强，制约了乡村振兴进程中的农民文化贫困治理。笔者 2018 年在对广西柳州 BS 镇、来宾市金秀县 LD 村、河池市 HZ 村等地的调研中发现，农村的思想道德和乡风文明建设仍比较薄弱，其在基层政府部门管理工作中的重要性仍有待增强，农村思想道德和乡风文明建设仍主要依靠外部因素推动，无论是基层管理组织、村民还是各种社会组织，其在推动农村思想道德和乡风文明建设中所起到的作用仍较有限，也尚未形成一支稳定的工作队伍以长期持续跟踪和推进农村思想道德和乡风文明

建设，现有的农村思想道德和乡风文明建设仍主要嵌入在各项政府工作中，对农民文化贫困治理尚未形成主体合力，现有的治理合力也不强。

我们看到，一些农村地区的基层政府部门、群众性组织和人民团体在解决与农民切身利益密切相关的利益和权益问题上给予较多的关注和帮助，有效推动了农村思想观念的转变，促进了农民思想道德素养和文化水平的提升，这些机构和组织也是以往推动农民文化贫困治理的重要驱动力量。同时，一些农村地区的村民自治组织如村民理事会等所发挥的作用也较大，通过发挥这些村民自治组织的协调和监督作用，对改善农村社会不文明风气、推进正能量的传播起到了重要的推动作用，有效促进了农民的落后的思想文化观念的转变，同时农民也积极且乐意参与到村民理事会等村民自治组织中来，有效发挥了村民自治组织的作用。笔者 2020 年到广西贺州市 YX 村、SB 村、XW 村、MCW 村等地进行了实地调研，调研发现，当地大多数农村都成立了村民理事会，村民理事会在地方政府的领导下积极参与村里重大事务和各种问题、纠纷的解决，并发挥了积极的作用，有效推动了农民的积极性、主动性和创造性的发挥。并且，一些农村地区，通过发挥驻村企业等社会力量的作用，促进这些驻村企业通过资金投资等形式积极参与到村容村貌改善和企业文化传播之中，有效推动了农村乡风文明的建设，同时提升了村民的收入水平和生活质量，并将城镇当中的一些现代文明引入农村地区，有效推动了农村地区居民的思想观念转变，对农民思想观念的现代化转变起到了一定的推动作用。

但是，我们也要看到，大多数偏远农村地区的基层政府部门所发挥的作用仍较为有限，一些基层政府部门的相关管理力量仍相对较少，负责有关农村文化事业发展专项工作的村委工作人员数量仍较缺乏，甚至出现一人肩挑多重角色的状况，对农村文化贫困治理工作的开展产生较大影响。笔者 2020 年到广西 YX 村、SB 村、XW 村、MCW 村等地进行了实地调研，调研发现，由于工作人员数量不足，一些村干部存在身兼多职的现象。同时，由于农村基层政府部门干部队伍的数量、规模和专业技能仍有待进一步提升，农民文化贫困治理工作创新力度仍然不强。近年来，虽然国家为深入推进精准扶贫、精准脱贫以及乡村振兴派遣了工作队伍到农村地区工作，有效缓解了农村地区的人才不足等问题，对推动农村的脱贫攻坚工作以及实现乡村振兴起到了重要的推动作用，但是农民文化贫困治理是一个严峻的、系统性强和长期的工作，现有的干部队伍数量和素质仍难以充分满足乡村振兴中农民文化贫困治理的现实需要，仍需要打造一支强有力的专业工作队伍。与此同时，农村中的各种群众性组织、人民团体,如妇女联合会、工会、残疾人联合会等机构和组织往往也因为工作人员较少,其开展的相关活动要相对较少,难以形成常态化的活动工作机制,不利于深入推进农民文化贫困治理。与此同时,各村民自治组织由于受经费有限、相关管理制度不健全以及其自身职能作用限制等因素影响,其在推动农民文化贫困治理,促进农民实现自由全面发展等方面所发挥的作用仍较有限。此外,驻村企业等一些社会力量,虽然其拥有的资金实力相对较强,但是其参与乡村文化贫困治理的积极性仍不够强,其参与到乡村治理中的广度和深度仍远远不够,甚至一些农村地区也缺少或没有驻村企业,这些农村地区的社会力量参与情况存在较大的不足。由于各方力量比较缺乏或受限于资源力量,同时相关协调机制比较缺乏,导致基层政府部门、村民自治组织、社会公益组织和乡镇企业等机构和组织之间难以形成有效的农村文化贫困治理合力,制约了农民文化贫困的治理。

总体而言,农民文化贫困治理主体合力不强是农村地区农民文化贫困治理存在的一个突出问题,尽管一些农村地区的村民自治组织、社会公益组织和乡镇企业等机构和组织在农村治理中起到了一定的作用,但是其参与的程度仍然不高,治理效果仍不尽理想,且其尚未形成有效的治理合力,制约着农民文化贫困的治理。

(二) 农民文化贫困治理资源整合优化不足

在乡村振兴的进程中,虽然地方政府部门在乡村建设方面投入了较多的资源,但是,由于相关资源投入的覆盖面广,且资金投入仍以大水漫灌型为主,对农民文化贫困治理的精准性建设投入仍相对较少,而且对农民文化贫困治理资源的整合优化也不足,凡此种种,制约了农民文化贫困治理资源使用的效果,对推动广大农民思想观念的现代性转变以及实现其自由全面发展所起到的推动作用也较有限。农民文化贫困治理资源整合优化不足,是农民文化贫困治理存在的一个突出问题。在广大农村地区,由于文化贫困治理的系统性强、难度大且是一个长期性的过程,进而使农民文化贫困治理需要投入的资源也较多,涉及资金、技术、人力资源等全方位、全过程的投入,并且需要经过一个长期的治理过程。一些距离城镇地区较近的农村地区,由于受到城镇地区的辐射和带动作用,当地特色农业发展可以依托其区位优势取得一定的发展,为提升当地农民的收入水平和生活质量起到了重要的推动作用,同时也对推动当地农民的思想观念转变，推动其参与并融入城乡产业发展中来，共享经济改革发展的成果，推动自身实现自由全面发展起到了重要的促进作用。但是，我们仍要看到，由于大部分农村地区都远离城镇地区，这些农村地区的经济发展水平总体仍然不高，相关特色产业发展主要以传统的种植业、养殖业、林业、畜牧业、渔业等发展为主，同时其集体经济发展也相对比较滞后，产业发展的总体规模相对较小，工业和服务业发展水平低下，这也将导致农村地区的资源投入相对较少。与此同时，由于城镇地区具有"虹吸效应"，农村地区的大部分资源都流向了城镇地区，即便是农村文化旅游、生态旅游、种植产业以及其他特色产业发展方面具有一定产业发展基础的农村地区，其经济基础总体上也较薄弱，农村地区的相关资源投入仍较少。因此，无论是农村地区的教育、文化等的事业发展较缺乏资金，还是人的发展投入方面也受到较大影响，都将使得农民文化贫困治理所获得的资源投入总量相对较少；在大部分农村地区，农民文化贫困治理所占的资金、技术、人力资源等的投入比例仍较有限，且其对农民文化贫困治理所发挥的作用也较有限，现有的资源投入仍无法有效满足农民文化贫困治理的现实需要，现有的乡村文化治理资源整合优化不足，与乡村振兴的现实需要仍有较大的发展差距。笔者 2018 年在对广西柳州 BS 镇、来宾市金秀县 LD 村、河池市 HZ 村等地的调研中发现，目前由于广大人民群众始终坚持党的领导和贯彻实施党的各项方针、政策和路线，广大农村的道德建设和乡风文明建设现状总体来说是良好的，但是要推动广大农村的思想道德和乡风文明建设的良性、快速、有序发展，激发广大农民积极性、主动性和创造性，推动广大农民积极参与到乡村振兴中来并实现其自由全面发展，仍面临着诸多系统发展问题，制度、管理工作队伍、资金、发展环境、村民的意识、社会力量的参与等方面，都需要加强建设，这对农民文化贫困治理资源的整合优化提出了更高的要求。

农民文化贫困治理的资源投入问题不仅体现在资源投入总量上少，还体现在相关资源投入整合上不足，相关资源投入对农民文化贫困治理所发挥的作用仍较有限。虽然在一些农村地区，政府的政策支持力度较大，尤其是在拨付资金支持农村公共文化服务建设方面的力度不断加大，进一步促进了农民精神文化产品和服务供给的增加，并且农村的村容村貌也发生了较大的变化，有效推动了农村乡风文明建设。但是，在一些偏远的落后农村，由于受制于财政资金支出数量和规模，不仅相关资源投入相对较少，相关公共文化产品和服务供给也较少，而且用以改善农民思想观念、满足农民精神文化需要的资源投入更是紧缺，这将在很大程度上不利于深入推动农民文化贫困问题的解决。现有的农民文化贫困治理资源仍主要以政府的政策性资源投入为主，而基层政府部门投入到农村地区建设的资源的使用范围较广，且通常是能在短期内取得突出成效的领域。因此，投入到农民文化贫困治理中的政策性资源的数量和规模都较为有限，也将难以满足广大农民文化贫困治理的各种资源需要，更难以从根本上改变农民的文化贫困问题；并且，在各地区的脱贫攻坚过程中，政府部门为解决农民的绝对贫困问题投入了大量的人力、物力和财力，并从农民的内生动力激发、专业技能和文化水平培训等方面开展了大量的工作，有效地消除了农民的绝对贫困问题。但是我们仍要看到，在推动农民思想道德素养和文化水平提升方面的投入仍相对较为有限。因此，可以看出，一些地方政府部门虽然在农村公共基础设施建设和公共文化事业发展等方面投入了大部分建设资金，但是对农民教育培训和推动农民专业技能提升等方面的投入远远不足，这也反映出其对农民文化贫困治理的重视仍需进一步增加，对推动农民实现自由全面发展的资源投入作用仍较有限。因此，还需要进一步加大资源投入的整合力度，优化资源投入结构，加大对农民文化贫困治理的资源投入力度。

（三）农民文化贫困治理方式创新不足

在乡村振兴的进程中，虽然地方政府部门积极创新社会治理方式，积极提升社会治理效果和效率，但是，我们仍要看到，由于农民的文化贫困是一种比物质层面更深层次的思想政治教育问题，因此其治理方式的创新难度较大，对地方政府部门加强和创新农民文化贫困治理提出了较大的挑战。农民文化贫困治理方式创新不足，是农民文化贫困治理的一个突出问题。过去的文化贫困治理方式主要以专题教育培训、文艺表演活动、农民自发学习、文明乡风促进等方式为主，文化贫困的治理方式相对较缺乏、创新不足，制约了农民文化贫困的治理。并且农民文化贫困治理方式仍主要以大水漫灌型、粗放型的资源投入治理方式为主，相关的文化贫困治理方式仍不够精细化，且缺乏精准性，制约了农民文化贫困治理效率的提升。因此，迫切需要转变和创新农民文化贫困治理方式，深入解决农民文化贫困问题，推动农民文化贫困治理方式向精准性、精细化、制度化等方向转变，把农民文化贫困治理的制度优势转化为农民文化贫困治理的效能，更好地提升农民文化贫困治理效率和效益，更好地推动农民实现自由全面发展。

在广大农村地区，在推进农民文化贫困治理的过程中，农民思想观念、思维方式和精神需要等方面存在的文化滞后或贫乏现象，仍缺乏系统的解决方案和措施，相关解决措施主要停留在一些专业技能培训、文艺表演等方面，相关治理方式也显得比较单一，制约了农民文化贫困治理效能的有效提升。同时，基层政府部门在解决农民文化贫困治理问题的过程中，需要运用法治的思维和法治的方式来加强农民文化贫困治理，健全农民文化贫困治理的相关规章制度，推动农民文化贫困治理实现制度化、程序化和规范化，不断促进文化贫困治理方式的创新，优化文化贫困治理方式和效率，但是农村基层政府部门运用法治的思维和法治的方式增强农民文化贫困治理的意识仍不够强，仍需进一步加强农民文化贫困治理的法治思维，通过法治方式深入推动农民文化贫困治理。并且，有关农民文化贫困治理的措施、手段总体上仍然不多，在综合运用奖励激励手段、教育培训、示范引领、自主学习、环境塑造人、文化服务设施建设、文艺表演等以文铸魂、以文化人等多样化方式来协同推进农民文化贫困治理，提高文化贫困治理精准性的相关手段、方式仍不足，相关治理手段和方式的创新远远不能满足农民文化贫困治理的现实需要。此外，针对形成农民文化贫困根源所采取的治理对策和措施也远不够，在创新农民文化贫困的源头治理方式上没有创新，相关治理方式仍主要停留在文化贫困治理的表面，导致农民文化贫困的治理效率和质量不高。因此，针对农民文化贫困治理，需要创新治理方式，推动治理方式的多元化、精准化、规范化，不断提升文化贫困的治理效果。

（四）农民文化贫困治理机制不健全

在乡村振兴的进程中，虽然地方政府高度重视农民的思想政治教育工作，重视农民的思想道德素养和文化水平，并为此做出了较大的努力。但是，我们仍要看到，地方政府在推动农民文化贫困治理工作中仍存在着农民文化贫困治理机制不健全的问题，制约了其治理效率和效果的较大提升，对农民文化贫困问题的解决也影响较大。农民文化贫困治理机制不健全，是农民文化贫困治理的一个突出问题。农民文化贫困的形成，是多种因素共同导致的结果，涉及农民传统思想观念、农村经济发展、外部地理环境、思想政治教育、公共文化服务供给以及农民自身的内生发展能力等多种因素的共同影响。因此，农民文化贫困治理也将是一个涉及各方面问题和因素的系统的治理过程，是一个涉及各因素、各问题层面的有关健全治理制度体系和运行机制的综合性问题。我们看到，在广大农村地区，虽然少部分地区的文化事业发展机制相对较健全，而且农民文化贫困治理方面的制度和机制相对要完善一些；但是，大部分农村地区的农民文化贫困治理机制总体上仍不健全，也会影响到农民的思想道德素质和文化水平的提高，进而导致农民文化贫困的治理仍滞后于当地经济社会发展状况，导致农民的思想道德素养和文化水平难以适应农业农村现代化的需要。例如，一些距离城镇地区较近的农村地区，由于受城镇经济社会发展的辐射带动作用，农民的思想观念有了较大的改进，尤其是其参与市场竞争的意识相对较强。但是，我们仍要看到，一些农民在封建迷信、文化素养提升、信仰信念等方面仍然存在很多突出的问题，与乡村振兴的现实需要和农民的现代化转换需要不相适应。其中，制约农民思想观念的现代化转变的一个重要原因就是农民文化贫困治理机制不健全，并导致农民的思想观念不适应农业农村现代化的发展需要。只有破解农民文化贫困治理机制不健全的问题，才能更好地提升农民文化贫困治理的效率和效能。

同时，由于农民文化贫困治理机制是一个涉及各方面问题和因素的系统的治理体系，目前尚缺乏相关从治理主体协同、治理资源整合、治理方式创新等方面系统性考量的农民文化贫困治理制度体系和运行机制体系。虽然目前存在相关的推动农民相对贫困治理或精神文明建设的相关治理机制，但是这些机制比较零散，难以充分发挥对农民文化贫困治理的系统性作用，难以从根本上或系统地解决农民的文化贫困问题，只有形成系统的针对农民文化贫困的治理制度体系和运行机制，才能更好地推动农民文化贫困问题的解决。因此，在乡村振兴的进程中，迫切需要从农民文化贫困治理的角度构建一套推动农民文化贫困治理的政策体系和运行机制，以更好地推动农民文化贫困问题的解决，推动农民向现代职业农民转变，更好地实现农民自由全面的发展，同时也才能更好地推动农民的思想观念更好地适应农业农村现代化建设和乡村振兴的需要。

三、乡村振兴进程中农民文化贫困治理存在问题的原因分析

乡村振兴进程中农民文化贫困治理存在着问题，主要是由于受农民的文化水平限制、农民的信仰迷失、农村的文化发展载体建设、农村的文化建设资源

支撑、农村的文化管理体制健全等因素影响。调查显示，在关于"您认为制约家乡农民思想道德素质和文化水平提高的关键因素是什么？"的调查中，501人选择了"农民的文化水平限制因素"，占调查人数的84.06%；159人选择了"农民的信仰迷失因素"，占调查人数的26.68%；149人选择了"农村的文化发展载体建设因素"，占调查人数的25%；310人选择了"农村的文化建设资源支撑因素"，占调查人数的52.01%；73人选择了"农村的文化管理体制健全因素"，占调查人数的12.25%，具体见表4－5和图4－2。可以看出，第一，调查对象选择比例最高的选项是"农民的文化水平限制因素"，其占调查人数的84.06%，表明农民的文化水平限制因素是制约农民思想道德素质提高以及农民文化贫困治理的重要原因，也是隐蔽性较强、改变难度较大的因素。第二，调查对象选择比例排名第二的选项是"农村的文化建设资源支撑因素"，其占调查人数比例的52.01%，表明加强农村的文化资源建设，增加农村的公共服务供给迫在眉睫。第三，其他三个选项的调查人数选择比例都低于30%，按调查人数选择比例由高到低进行排序（括号内为调查人数选择比例）依次为："农民的信仰迷失因素"（26.68%）、"农村的文化发展载体建设因素"（25.00%）、"农村的文化管理体制健全因素"（12.25%）。其中，农民的信仰迷失、农村的文化发展载体等因素对农民文化贫困治理的影响也相对较大，是影响农民文化贫困治理的重要原因。此外，农村的文化管理体制健全问题也是影响农民文化贫困治理的重要原因。

表4－5　　　　　关于"您认为制约家乡农民思想道德素质和文化
水平提高的关键因素是什么？"的调查情况

选项	小计（人）	比例（%）
A. 农民的文化水平限制因素	501	84.06
B. 农民的信仰迷失因素	159	26.68
C. 农村的文化发展载体建设因素	149	25.00
D. 农村的文化建设资源支撑因素	310	52.01
E. 农村的文化管理体制健全因素	73	12.25
本题有效填写人次	596	100

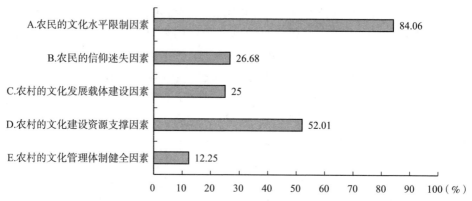

图 4-2 关于"您认为制约家乡农民思想道德素质和文化水平
提高的关键因素是什么?"的调查对象分布情况

（一）农民的文化水平限制因素影响

在乡村振兴进程中，虽然农民通过接受继续教育或技能培训有效促进了自身的思想道德素养和文化水平提升，且能在一定程度上适应社会信息化、数字化、智能化的发展需要。但是，我们仍要看到，大部分农民的文化水平总体上仍然不高，留守农村的农民大多以初中及以下学历的人群为主，这是制约农民文化贫困治理的一个重要因素。例如随着各地区城市化发展进程的加快，留守农村的村民主要以农村留守老人、留守儿童为主，中青年劳动力都相对较少，2018 年广西乡村文化振兴调研团队的调研结果显示，认为乡村的外出打工人员主要是"青壮年""家庭主要劳动力""成年人"的调研对象的比例分别是80.10%、64.10%、60.90%①。同时，大多数留守人员的文化程度和水平都不高，主要以初中及以下学历为主，这就导致其在接受正面、积极向上的新知识、新思想、新文化等方面面临着较大的限制，且难以实现其自身思想观念的创新性发展。因此，实现这些农民的思想观念的现代化转换也将面临较大的困难。《中国农村统计年鉴（2020 年）》的统计数据显示（具体结果见表 4-6），在 2019年农村居民家庭户主文化程度中，50.8% 的农村居民户主的文化程度为初中程度，32.5% 的农村居民户主的文化程度为小学程度，3.6% 的农村居民户主的

---

① 贺祖斌，林春逸，肖富群，等. 广西乡村振兴战略与实践·文化卷 [M]. 桂林：广西师范大学出版社，2009：121.

文化程度为未上过学。也就是说，初中及以下文化程度的家庭户主的人口比例高达86.9%，此外，高中程度的家庭户主的人口比例也仅占11.2%，大学专科程度和大学本科及以上的家庭户主的人口比例仅占2%。同时，《广西统计年鉴（2020年）》的统计数据显示（具体见表4-7），在2019年广西农村居民家庭户主文化程度的调查样本中，初中文化程度、小学文化程度、未上过学的调查样本人数分别为1340户、833户、29户，分别占调查总样本的50.19%、31.20%、1.09%。由此可见，各地区的农村人口的文化水平总体上仍然不高，这对解决农民文化贫困问题提出了严峻的挑战。此外，虽然农民偶尔会接受或参加一些专业技能的培训活动，但是这些培训活动具有较强的专业性以及临时性、短暂性等特点，对农民的文化水平提升难以产生很强的效果，也难以从根本上改变其文化水平不高的总体局面，这对开展农民文化贫困治理工作提出了较大的挑战，迫切需要改变工作方法和创新文化贫困治理方式，探索推进农民继续教育培训和促进农民文化水平提升的长效机制，加强培养文化水平高、专业技能强、道德素养高、综合素质高的现代新型农民，以更好地促进农民的自由全面发展以适应农业农村现代化的需要。

表4-6　　　　　　　　　2019年农村居民家庭户主文化程度　　　　　　　单位：%

指标	2013年	2014年	2015年	2016年	2017年	2018年	2019年
未上过学	4.7	4.4	3.8	3.3	3.2	3.9	3.6
小学程度	32.3	31.8	30.7	29.9	29.8	32.8	32.5
初中程度	51.0	51.5	53.1	54.6	54.7	50.3	50.8
高中程度	10.7	10.9	11.1	10.7	10.8	11.1	11.2
大学专科程度	1.2	1.2	1.2	1.2	1.3	1.6	1.7
大学本科及以上	0.2	0.2	0.2	0.2	0.2	0.3	0.3

资料来源：数据来源于《中国农村统计年鉴（2020年）》。

表4-7　　　　　　　　广西农村居民家庭户主文化程度调查　　　　　　　单位：户

指标	2013年	2014年	2015年	2016年	2017年	2018年	2019年
调查样本住户数	2298	2307	2345	2365	2365	2670	2670
1. 未上过学	46	46	29	25	25	40	29

指标	2013 年	2014 年	2015 年	2016 年	2017 年	2018 年	2019 年
2. 小学	740	716	712	749	755	859	833
3. 初中	1155	1174	1246	1288	1281	1325	1340
4. 高中	335	350	343	281	280	403	423
5. 大学专科	22	22	15	21	23	38	41
6. 大学本科	0	0	0	1	1	5	4
7. 研究生	0	0	0	0	0	0	0

资料来源：数据来源于《广西统计年鉴（2020 年）》。

（二）农民信念信仰迷失因素的影响

在乡村振兴进程中，虽然农民的生活质量和水平都得到了较大的提升，农民的获得感、幸福感、满足感也不断增强，农民接受新思想、新观念的机会和途径也更多，也促进了农民思想观念的改进和革新。但是，我们仍要看到，一些农民受封建迷信、消极价值观念的影响仍较深，尤其是受拜金主义、享乐主义等社会思潮的影响也较深，致使其信念信仰出现迷失的现象，制约了其精神文化贫困问题的解决。虽然农民的生活水平不断提升，物质生活需要也不断得到满足，但是不可忽视的一个制约农民文化贫困治理的重要原因就是农民的信念信仰迷失问题，这是丰富的物质生活所不能取代的，也是阻碍农民成为现代农民的一个重要影响因素。由于广大农村地区的经济发展相对比较落后，农民的物质生活供给和需求虽然得到了较好的满足，但总体上仍然比较缺乏，农村地区的精神文化产品和服务的供给更是不足，在这样的环境下，大多数农民受制于现实经济压力、社会资源等诸多因素，往往缺乏长远的人生目标，而且安于现状，其思想观念往往也比较保守或落后，尤其是部分农民对宗教迷信、烧香拜佛等行为较为相信，对积极向上的新思想、新观念则缺乏足够的兴趣和热情，并将对美好生活的向往和追求寄托于封建迷信之中，对马克思主义理想信念和中国特色社会主义共同理想的认识和把握仍不够深入。调查结果显示，在关于"您认为家乡农民的封建迷信思想浓厚吗？"的调查中，9.06%的调研对象认为"非常浓厚"，31.04%的调研对象认为"比较浓厚"，43.96%的调研对象认为"一般"，13.09%的调研对象认为"不太浓厚"，2.85%的调研对象认为"没有封建迷信思想"。由此可见，一部分农民的封建迷信思想仍比较浓厚或非常浓厚，其受传统封建迷信思想的影响仍比较深；一部分农民的封建迷信思想表现为一般以及不太浓厚，这部分农民受到一些外来的新思想、新观念、新知识的影响，其对封建迷信的本质也有着更深刻的认识；只有少数农民没有封建迷信思想，这部分农民的文化水平总体比较高，他们更善于接受新思想、新知识、新观念，更具有改革创新精神，更相信科学。与此同时，在拜金主义、享乐主义、消费主义等外来社会思潮的影响下，加上囿于自身无法较快融入社会经济发展潮流，农民更容易陷入信仰缺失或迷茫的境地，并通过依靠宗教迷信等信仰来弥补自身发展能力的不足，借以慰藉自己的心灵，但是其通过宗教信仰等行为无法从根本上改变其生活现状，并容易陷入文化贫困状态，农民长期处于这种环境中，其思想观念就更容易陷入保守、传统和迷信等状态，影响其接受新思想、新观点、新事物，进而影响其思想观念的现代化转变。

（三）农村文化发展载体建设因素的影响

在乡村振兴进程中，虽然地方政府不断加大对农村文化广场、图书馆、文化宣传设施等的建设力度，推动了农村文化服务质量和水平的提升，为满足农民的精神文化需求起到了重要的推动作用。但是，我们仍要看到，农村文化载体的作用和功能尚未得到充分发挥，相关宣传设施和阵地的数量仍较少，例如学校等阵地的作用发挥仍较有限，制约了农村文化事业的长远发展，不利于深入推动农民文化贫困问题的解决。农村的文化发展载体建设不足因素，是农村经济社会发展落后、城乡发展差距不断拉大、农村文化发展滞后等因素共同作用的结果，是制约农民文化贫困治理的重要因素，同时也在较大程度上削弱了农村地区文化发展载体的功能发挥，不利于促进农村地区的文化事业发展，制约了农民精神文化需求的满足，不利于推动农民文化贫困问题的解决。2018年广西乡村文化振兴调研团队的调研结果显示，调查对象认为"通过小学生传播文化和道德观念""通过小学老师言行影响村民""通过小学场地开展活动"的人数比例分别为66.30%、41.00%、40.40%，表明农村小学依然是农村道德建设的重要载体①，同时也从侧面反映出乡村文化建设和发展载体的缺乏。同时，调研结果显示，认为农村有"球类或健身场所""农民业余文化组织""文化广场""图书室""剧场""艺术馆或展览馆""其他"文化组织或设施的调研对象比例分别为 55.60%、31.90%、20.40%、15.30%、5.40%、4.20%、43.50%，可以看出，农村的文化建设载体依然存在较大的不足和缺乏多样化，制约了农民精神文化需求的满足。②

　　由于农村地区的经济发展水平比较落后，在城市化不断发展以及农村人口不断向城镇地区流动的过程中，农村地区由于劳动力人口不足而变得越来越凋零，农村地区的人口也主要以留守老人和留守儿童为主，在经济、社会、制度等多重因素的共同影响下，很多农村地区的宣传阵地的功能尚未得到充分发挥，面临着文化宣传设施有待完善、宣传管理力量有待增强、宣传内容大众化传播需要增强、受众参与的积极性需要提高、文化资源利用率有待提升、文化发展管理制度有待进一步健全等突出问题。这些问题制约了农村文化发展载体的建设及其功能的发挥，也将导致农民在接受社会主义先进文化和科学理论时受到较大影响，难以有效满足农民的各种精神文化需求，制约了农民思想观念的现代性转变，迫切需要充分发挥农村地区文化载体的作用和功能，让农民在乡村振兴的进程中更好地分享国家改革发展的成果，更好地满足农民对精神文化的需求。

（四）农村文化建设资源支撑因素的影响

　　在乡村振兴进程中，虽然政府投入乡村建设的资源和力量不断增多，推动了乡村的建设和发展，但是，我们仍要看到，有关农村文化建设的资源总体上仍较少，相关资源支撑仍不足，制约了农村的文化事业发展和农民的文化需求满足，不利于深入推动农民文化贫困问题的解决。农村的文化建设资源的支撑问题，是农村地区文化事业发展和农民文化贫困治理存在的问题，正是由于农村文化建设资源支撑不足，导致农村地区面临着文化产品和服务供给体系不健全、农民精神文化需求得不到有效满足等挑战，并制约了农民的思想观念的现

　　① 贺祖斌，林春逸，肖富群，等. 广西乡村振兴战略与实践·文化卷［M］. 桂林：广西师范大学出版社，2009：123.
　　② 贺祖斌，林春逸，肖富群，等. 广西乡村振兴战略与实践·文化卷［M］. 桂林：广西师范大学出版社，2009：119.

代化转换，难以有效破解农民文化贫困问题。2018 年广西乡村文化振兴调研团队的调研结果显示，认为村庄里"没有书屋"、书屋"没有人看"、书屋"书太旧和更新慢""离居民居住地太远""书屋不开放""书不适合村民看"的调研对象比例分别为 74.00%、18.30%、13.60%、8.50%、7.50%、6.60%，表明农村书屋的建设、管理还需要进一步改善以及其利用效率还需提升；同时，农村"地标不存在""文化古迹遭到破坏或不存在""传统自然村落不存在""民俗节庆活动不举行""农耕方式和技艺不存在"的调研对象比例分别为 46.00%、39.90%、38.80%、21.80%、16.70%，表明农村的文化建设资源支撑比较弱，仍需要进一步加强。①

　　与此同时，由于农村经济社会发展落后，其文化建设和发展不仅缺乏资金、技术、人才等要素资源，而且由于城镇具有"虹吸效应"，导致农村地区的资源都不断流向城镇地区，然而从城镇地区流向农村地区的资源却很少，致使农村地区的文化建设和发展资源总体上都比较紧缺，难以充分满足广大农村地区文化建设和发展的需要。近年来，虽然政府部门加大了对农村地区的文化发展投入力度，但是仍难以支撑起广大农村地区文化建设和发展所需要的大量资源，这也是广大农村地区文化建设和发展落后的重要原因，难以有效满足农民多样化、个性化的精神文化需求，制约了农民对精神文化的需求。

（五）农村文化管理体制健全因素的影响

　　在乡村振兴进程中，虽然为推动乡村文化事业发展和农村公共文化服务均等化发展，政府从干部队伍建设、文化设施建设、工作运行机制建设等方面加大了对农村公共文化事业发展的政策支持力度，但是，我们仍要看到，由于受制于干部队伍数量、资金数量等因素，农村基层文化事业的发展与壮大仍面临着较大的困境，仍需要进一步完善农村文化管理体制。农村的文化管理体制健全问题，是影响农民文化贫困治理的一个重要原因。健全的文化管理体制很大程度上有利于推动农村的文化事业发展，为农村的文化建设和发展，丰富农民的精神文化生活夯实制度基础。由于农村的文化事业发展相对比较滞后，其文化管理体制也不健全，尤其是受基层文化管理力量不足、管理人员的专业技术

---

　　① 贺祖斌，林春逸，肖富群，等. 广西乡村振兴战略与实践·文化卷 [M]. 桂林：广西师范大学出版社，2009：119.

水平有待提升等各种因素影响，致使各地区难以制定和出台与当地农村文化事业发展相适应的文化管理制度，甚至一些农村地区的管理人员还存在一人身兼多职的现象。有学者指出，制度不健全是贫困形成的一个重要诱因①。2018 年广西乡村文化振兴调研团队的调研结果显示，认为"村官民主投票选举""村中事务由村民代表会议讨论决定""没有村监督委员""村中财务公开""选举中受大家族操纵""治理状况让人不满意"的调查对象比例分别为 50.40%、58.00%、34.60%、31.20%、11.70%、27.70%。② 由此可见，农村的基层管理体制仍存在一些突出问题，其科学化、有序化管理仍需进一步加强。

农村的文化管理体制不健全，主要是指有关工作机制运行、文化设施建设、文化产品和服务供给、专业人才队伍建设、财政资金支持等方面的制度体系不够完善，这又具体表现在文化管理工作机制仍未理顺，相关文化工作管理跟不上广大农民的精神文化生活需要，广大农村地区的文化基础设施建设和管理比较薄弱，文化产品和服务供给比较少，负责文化发展的工作人员不足，农村文化事业发展资金缺少等方面，尽管一些农村地区在政府财政资金的支持下以及农村特色产业发展的支持下得到了较大的改善，但是大部分农村的文化管理体制不健全问题仍较突出，这也是制约乡村振兴的重要因素，不利于推动农民文化贫困问题的深入解决。为此，需要进一步理顺和完善农村地区的文化管理体制，深入推动农村地区文化管理体制的规范化、标准化建设，以便更好地推动农村地区文化事业的发展，不断满足农民日益增长的精神文化需要。与此同时，也才能更好地为推动农民文化贫困问题解决夯实制度基础，深入破解农民文化贫困治理问题，促进农民实现自由而全面发展。

四、本章小结

通过研究发现，乡村振兴进程中的农民文化贫困的形成受农民传统思想观念、农村经济基础、外部地理环境、思想政治教育实效、公共文化服务保障、农民内生发展能力等因素的影响，突出表现为农民文化贫困治理主体合力不

① 王玲玲，冯皓. 发展伦理探究 [M]. 北京：人民出版社，2010：154.
② 贺祖斌，林春逸，肖富群，等. 广西乡村振兴战略与实践·文化卷 [M]. 桂林：广西师范大学出版社，2009：125.

强，农民文化贫困治理资源整合优化不足，农民文化贫困治理方式创新不足，农民文化贫困治理机制不健全等方面的问题。与此同时，乡村振兴进程中农民文化贫困治理面临突出的问题，其主要是由于受农民文化水平限制、农民信念信仰迷失、农村文化发展载体、农村文化资源支撑、农村文化管理体制健全等因素的影响。为此，只有深入把握乡村振兴进程中农民文化贫困形成的影响因素，深入探析农民文化贫困治理存在的主要问题，对农民文化贫困治理存在问题的原因进行深入分析，并据此提出有针对性的对策建议，才能更好地推动乡村振兴进程中农民文化贫困治理，更好地推动农民向现代农民转变，才能更好地推动农民实现自由而全面发展。

第五章　乡村振兴进程中农民文化贫困治理的主要路径

　　根据前文的研究结果可以发现，乡村振兴进程中的农民文化贫困问题仍然比较突出，在观念文化贫困、思想文化贫困和精神文化贫困等的治理上仍然存在一些突出问题。同时，农民文化贫困形成的影响因素及其治理存在的主要问题，对乡村振兴进程中加强农民文化贫困治理提出了较大的挑战。农民文化贫困的形成受乡村振兴进程中农民传统思想观念、农村经济基础、外部地理环境、思想政治教育实效、公共文化服务保障、农民内生发展能力等因素的影响，突出表现为农民文化贫困治理主体合力不强，农民文化贫困治理资源整合优化不足，农民文化贫困治理方式创新不足，农民文化贫困治理机制不健全等。与此同时，农民文化水平限制、农民信念信仰迷失、农村文化发展载体、农村文化资源支撑、农村文化管理体制健全等因素的影响，是乡村振兴进程中致使农民文化贫困治理存在问题的深层次原因。为此，需要从农民文化贫困治理应坚持的基本要求，以观念的解放和革新推进农民的观念文化贫困治理，以理性思维和科学理念的养成推进农民的思想文化贫困治理，以精神文化生活的充实和丰富推进农民的精神文化贫困治理，将农民文化贫困治理融入乡村振兴以推动农民的现代化转型，进一步加强乡村振兴进程中的农民文化贫困治理，以更好地推动农民向现代农民转变，深入推动农民实现自由而全面的发展。

一、农民文化贫困治理应坚持的基本要求

（一）坚持马克思主义在农民文化贫困治理中的指导地位

　　深入解决农民文化贫困问题，丰富农民的精神文化生活，满足农民多样

化、差异化、个性化的精神文化需求，使农民摆脱农村文化贫困，就需要坚持以马克思主义为指导，始终坚持马克思主义在农民文化贫困治理中的指导地位，这是深入推进农民文化贫困治理，摆脱农民文化贫困，进一步丰富农民精神文化需求的前提和基础，也是推动乡村文化振兴和实现文化强村的重要内容。马克思主义指明了先进文化的发展方向，是人类智慧的结晶，可以为农民文化贫困治理提供理论指导和思想保证。只有坚持马克思主义在农民文化贫困治理中的指导地位，才能从根本上保障农民文化贫困得到根本性、彻底性的解决，才能确保乡村文化繁荣发展的性质和方向。只有坚持马克思主义，才能在充分借鉴和吸收革命文化、优秀传统文化和外来优秀文化的基础上，用社会主义先进文化、中华优秀传统文化来抵御拜金主义、享乐主义、消费主义等各种负面社会思潮的思想侵蚀，保障农民思想的纯洁性、先进性，更好地巩固农民的思想基础。因此，要始终坚持马克思主义在农民文化贫困治理中的指导地位，坚持以马克思列宁主义、毛泽东思想、邓小平理论、"三个代表"重要思想、科学发展观、习近平新时代中国特色社会主义思想为指导，树牢"四个意识"，坚定"四个自信"，坚决做到"两个维护"，进而深入推进乡村文化振兴，健全中国共产党领导乡村农民文化贫困治理的组织体系、制度体系和工作机制，深入推进优秀传统乡土文化的现代性和创造性转化，提升农民的思想道德素质和文化水平，增强文化自觉和文化自信，使农民摆脱文化贫困，让广大农民更好地享有美好的精神文化生活和物质生活。

（二）坚持中国共产党对农民文化贫困治理工作的全面领导

坚持和加强党的全面领导，是深入推动农民文化贫困治理的重要保障，也是乡村振兴进程中推动乡村文化振兴和满足广大农民的精神文化需要的重要前提。坚持和加强党对农民文化贫困治理工作的全面领导，必须要树牢"四个意识"，坚定"四个自信"，坚决做到"两个维护"，把党的领导全面贯彻到农民文化贫困治理工作的各个方面，强化党对农民文化贫困治理工作中各方资源的统筹和协调，把满足广大农民的精神文化需求作为文化贫困治理工作的出发点和落脚点，积极建立农民文化贫困治理的财政投入增长机制，加大惠农强农的农村文化政策支持力度，制定和完善党的文化贫困治理政策和机制，完善农民文化教育和发展机制，教育并引导广大农民紧密团结在党中央周围；坚持以人民为中心的理念，从满足农民的精神文化需求出发，切实尊重农民的主体地位和首创精神，调动广大农民提升自身文化素养和自我发展能力的积极性、主动性和创造性，维护和保障好广大农民自由全面发展的权利；加强党对乡风文明建设工作的领导，推动农村精神文明建设沿着正确的方向发展。明确农村文化贫困治理工作的目标、任务、运行机制和工作职责，因地制宜地制定农村文化贫困治理的政策体系和工作运作体系，加强对农民文化贫困治理工作的统筹和协调，构建一套坚持党的全面领导的、现代化的、科学有序的文化贫困治理工作体系。

（三） 推动习近平新时代中国特色社会主义思想大众化传播与入脑入心

习近平新时代中国特色社会主义思想是当代中国马克思主义、二十一世纪马克思主义，要深入推动习近平新时代中国特色社会主义思想的大众化、通俗化传播，深入解决农民文化贫困问题，就要将习近平新时代中国特色社会主义思想与乡村文化振兴、农民的精神文化需求紧密结合起来，用农民能够接受、通俗易懂的方式来宣传马克思主义理论，并能够为农民所接受、认同和运用，然后内化为农民的内在精神力量。要深入推进习近平新时代中国特色社会主义思想大众化、通俗化传播，需要立足农民的实际，从服务农民和依靠农民的实际出发，将习近平新时代中国特色社会主义思想转化为农民自身认识和改造世界的世界观和方法论，让农民自觉运用马克思主义的科学世界观和方法论分析问题和解决问题，并使之成为农民认识世界和改造世界及实现自身价值的精神和思想力量。在推动习近平新时代中国特色社会主义思想在农民中的传播时，还要立足广大农民的根本利益，结合农民生活中遇到的实际问题，从解决农民的实际问题以及实现农民美好幸福生活追求的角度出发，创新马克思主义的传播方式，构建更加贴近农村发展实际和农民心声的话语体系，采用农民听得懂和生动有趣的语言、熟悉的案例和方式以及结合时代发展需要来宣传和普及马克思主义理论，让农民想看、愿意看、用心看、虚心看，并内化为农民能够理解和接受的精神力量，转化为农民分析问题和解决问题的世界观和方法论，进而深入推进马克思主义的大众化、通俗化、时代化传播，不断推进习近平新时代中国特色社会主义思想在农民中入脑入心，使农民转变成新时代的有思想、有文化、有内涵、有发展动力的农民。① 此外，还要打造一支马克思主义理想信念过硬、理论素

---

① 何毅亭. 谈谈推进马克思主义大众化 [J]. 红旗文稿，2021 (4)：4 - 8，1.

养深厚、爱农村、爱农民的乡村马克思主义理论宣传队伍，加大马克思主义理论宣传队伍的建设力度，并推动这支队伍深入农村基层、深入农村实际，开展面对面的理论教育和宣传普及，通过言传身教增强习近平新时代中国特色社会主义思想的感染力和号召力，教育并引导农民坚定马克思主义理想信念和社会主义共同理想，自觉掌握和运用马克思主义的科学世界观和方法论来分析问题和解决问题，在乡村振兴中实现自己的人生价值。

二、以观念的解放和革新推进农民的观念文化贫困治理

（一）激发内生动力以强化农民的主体地位和首创精神

一是转变农民的思想观念，激发农民的内生动力，充分发挥农民的主体地位和首创精神。从思想上引导农民转变传统落后思想观念的影响和制约，改变"等、靠、要"的思想，唤醒和增强农民的主体意识和首创精神，增强农民以改革创新为核心的时代精神，积极进取、奋发有为，让农民在乡村振兴和经济社会发展浪潮中实现勤劳致富，实现自己的人生价值①。与此同时，加强农民的社会主义核心价值观教育，将社会主义核心价值观与农民的优秀传统文化教育、爱国主义教育、集体主义教育、社会法治教育、素质教育结合起来，发挥社会主义核心价值观对农民的教育引领作用，提升广大农民的思想道德素质，帮助农民树立正确的世界观、人生观、价值观②，引导农民增强"四个意识"，坚定"四个自信"，做到"两个维护"，将社会主义核心价值观教育内化为自己的自觉行动，切实增强农民的主体地位和首创精神。

二是进一步激发农民的内生动力，增强其自我发展意识。进一步完善激发农民内生发展动力的体制机制，既要增强农民对乡村优秀传统乡土文化的自信，增强农民对乡村振兴的情感认同，并将其情感认同转化为自身的实际行动，不断增强参与乡村振兴行动的信心、信念；又要加大对农民参与农业生产

① 柳礼泉，杨葵. 精神贫困：贫困群众内生动力的缺失与重塑 [J]. 湖湘论坛，2019, 32 (1): 106 - 113.
② 王瑞萍. 脱贫攻坚要重视解决文化贫困问题 [N]. 甘肃日报，2019 - 02 - 20 (08).

经营活动的支持力度，注重培育和激发农民的内生动力，引导其积极参与到乡村振兴中来，增强其自我发展意识。与此同时，要加强农民的专业技术教育培训和综合素养教育，引导农民积极适应社会主义市场经济的发展，增强自身对市场经济发展的观察能力和分析能力，增强自身的市场风险承担能力和应对能力，切实增强自身的发展意识和发展能力，以更好地适应乡村振兴的现实发展的需要。

（二）用自我革命精神助推农民的思想解放

敢于进行自我革命，是我们党的优良品格。要教育并引导农民发挥自我革命精神，勇于纠正各种不良社会风气和传统落后的思想观念，加强思想解放，端正思想认识，敢于冲破各种封建迷信和传统落后的道德观念约束，激发农民自身强大的主动性、能动性和创造性，积极去创造更加美好的生活，以更好地适应新时代乡村振兴的需要以及实现对美好生活追求的需要。要实现思想解放，就不能丢失自我革命精神，要引导农民用自我革命精神认真检视和反思自身存在的问题和不足，找出问题根源，并明确改进的目标和方向，切实解决好自身在理念和行动等方面的不足，增强自身的创造力、战斗力，不断筑牢农民自身的思想道德防线，增强自身分析问题和解决问题的本领和能力。而要实现农民的思想解放，就要求农民敢于发扬自我革命精神，推进自身价值观、方法论的革新，用习近平新时代中国特色社会主义思想武装自己，不断增强农民自我革新、自我提升的能力，促进自身思想和观念的解放和能力提升，更好地抓住乡村振兴的发展机遇，实现自身的发展。

（三）以良好的道德风尚涵养农民"四德"观念

要加强农村的道德风尚建设，以良好的道德风尚进一步涵养农民的"四德"观念，引导农民积极养成和弘扬良好的社会公德、职业道德、家庭美德和个人品德，以增强自身的思想道德素养，更好地适应乡村振兴的需要。

第一，需要发挥村规民约作用，加快推进农村移风易俗。制定和完善村规民约，明确举办红白喜事的具体标准，反对铺张浪费、大操大办、相互攀比等不良社会风气，自觉抵制各种封建腐朽落后文化和现代不良文化的侵蚀，倡导农民形成一种健康、节俭、文明、和谐、绿色、诚信的文明之风，并加大对不良社会风气、农村奢靡之风的改革和监督惩罚力度，切实增强村规民约对农民的思想观念、日常行为的约束作用，营造一种良好的、健康的、积极向上的生活方式。与此同时，用社会主义核心价值观引领乡风文明，将社会主义核心价值观融入村规民约、乡风文明活动当中，积极开展各种乡风、家风、民风的文明创建活动，引导农民积极营造社会文明新风尚，深入推进农村移风易俗。①②

第二，加强文明新风尚的宣传和对农民的教育和引导。创新移风易俗工作的舆论宣传方式，既发挥各种文明宣传工作场所、学校、宣传栏、文化墙等平台作用和功能，运用农民喜闻乐见、愿意听、愿意接受的宣传方式，加大对农村文明新风尚行为和榜样的宣传，教育并引导农民将习近平新时代中国特色社会主义思想内化为自身的自觉行动。创新乡村文明工作的方式方法，积极利用各种互联网、自媒体等平台宣传文明新风尚行为，积极提倡社会公德、职业道德、家庭美德、个人品德的良好行为，培育和形成文明乡风、良好家风、淳朴民风，引导农民积极践行文明新风尚行为，营造积极、健康的社会文明风气。

第三，发挥村民自治组织的作用，积极弘扬和践行社会公德、职业道德、家庭美德和个人品德。推动广大农村建立和完善基层村民自治组织，引导基层村民自治组织建立健全各种基层自治章程和制度，发挥村民自治组织的监督、教育引导、协调和约束作用，推动村民加强自我管理，积极化解各种村民矛盾和纠纷，在全社会形成弘扬和践行社会公德、职业道德、家庭美德和个人品德的良好风尚，打造文明乡风、良好家风、淳朴民风。

三、以理性思维和科学理念的养成推进农民的思想文化贫困治理

（一）加强以改造农民的世界观和方法论为重点的教育引导

马克思主义理论是科学的世界观和方法论，为深入推进农民文化贫困治理，我们要教育和引导农民要坚持以马克思主义为指导，立足农村和农民自身

---

① 薛世妹. 贫困文化：贫困农村地区贫困的文化分析 [J]. 内蒙古农业大学学报（社会科学版），2009，11（3）：58-61.
② 郭萌，王怡. 深度贫困县精神贫困的致贫机理及脱贫路径 [J]. 商洛学院学报，2018，32（2）：6-12.

发展的实际，运用好马克思主义唯物辩证法的基本原理和方法来分析事物的本质规律及其内在联系，能够借助并结合乡村振兴的发展实际及其趋势，把握好事物之间的辩证关系，坚持乡村振兴发展的大局观和发展观，坚持从实际出发，从战略思维、历史思维、辩证思维、创新思维、法治思维、底线思维等方面增强农民的辩证思维能力，教育并引导农民自觉掌握马克思主义的科学世界观和方法论，有效应对各种问题和挑战，做出正确的抉择。与此同时，针对农民对马克思主义的理解和运用还不够透彻等问题，要教育和引导农民加强马克思主义理论学习，尤其是要深入学习习近平新时代中国特色社会主义思想，科学把握马克思主义中国化时代化的最新成果的本质和深刻内涵，掌握和自觉运用马克思主义的立场、观点和方法分析和解决现实问题，不断增强"四个意识"，坚定"四个自信"，坚决做到"两个维护"。此外，我们也要看到乡村文化振兴对农民提出的新要求和新挑战，教育农民准确把握乡村振兴的发展趋势、推动力量和前进方向，自觉接受马克思主义的思想指导，用马克思主义科学的世界观和方法论来分析问题和解决问题，能够运用马克思主义的辩证思维方式来认识、处理复杂的现实问题，并处理好各种复杂问题和复杂关系，能够从问题的表象深入把握和运用事物的内在发展规律，在把握好事物的主要矛盾和新特点中，善于总结经验和运用马克思主义来指导实践，积极化解各种矛盾和风险，把自身的发展融入到乡村振兴的发展中，在推动乡村经济社会和自身的发展中彻底解决农民自身的文化贫困问题，摆脱文化贫困，并实现自己对美好生活的向往。

（二）以乡村文化振兴推进农民的价值观变革

推进乡村文化振兴，是解决农民文化贫困问题，深入推进农民文化贫困治理，使农民形成正确的价值观和方法论，满足农民的精神文化需要的重要途径，为农民摆脱文化贫困，增强文化自觉和文化自信提供了良好的发展机遇。一是加大乡村文化设施建设力度，为丰富农民的精神文化生活和接受新思想、新观念、新文化奠定基础。根据农民的精神文化需求，加大对农村的公共基础文化设施建设的财政支持力度，并完善相关文化娱乐设备和服务，规范农村公共基础设施的建设及服务提供，为农民开展集体文化娱乐活动、丰富精神文化生活提供支持；同时，在政府的引导和支持下，可以发挥村民自治组织的管理和协调作用，进一步完善乡村文化基础设施的管理，确保乡村文化基础设施的日常正常运行。二是在社会主义核心价值观的引领下，组织村民开展形式多样的文化娱乐活动。围绕社会主义核心价值观，根据农民的精神文化需要，开展主题丰富的、形式多样的、贴近农民生活实际的、农民喜闻乐见的文化娱乐活动，让农民在参加文化娱乐活动的过程中自觉接受和弘扬社会主义核心价值观，深入推进社会主义核心价值观入脑入心，并外化为农民的日常具体行为，既丰富了农民的精神文化生活，又起到推动农民价值观变革的目的。三是开展先进典型示范活动，进而发挥先进典型的示范引领作用。通过发挥道德模范、新乡贤、敬老爱幼典范、创业致富成功典范等农村先进典型的示范引领作用，营造一种传承道德风尚、尊老爱幼、诚信友善、创业致富的良好风尚，引导广大农民向优秀典型学习，敢于变革自身陈旧、落后的观念，积极弘扬和传播社会主旋律，树立科学、正确的世界观、人生观和价值观，并自觉内化自己的言行，将自己打造成现代农民。

（三）"志""智"兼扶促新型职业农民培养

习近平总书记强调，"扶贫先扶志""扶贫必扶智"。在农民文化贫困治理的过程中，要强调对农民扶志、扶智，要培养农民敢于摆脱文化贫困，敢于去追求美好幸福生活的思想和意识。要引导农民首先从思想、信念、志向等方面树立摆脱文化贫困的正确的观念和意识，引导农民以坚定的信念和意志，依托自身的优势、长处、勤奋以及政策优势，主动接受和加强理论学习和专业学习，接受社会主义核心价值观教育，努力提高自身的综合文化素养和水平，摆脱文化贫困的现状，实现对美好生活的向往，满足物质上和精神上的多样化需要。为适应新时代乡村振兴的需要，要加大农村地区的教育投入力度，为农民及其后代接受教育提供良好的教育条件，消除文化贫困代际传递现象，从根本上切断文化贫困代际传递的途径，使人人都能接受良好的教育。同时，要加大对农村学校和各类宣传阵地的投入和建设力度，加强对农村学校和宣传阵地的管理，注重发挥农村学校和各类宣传阵地的文化宣传和教育功能，既使它们成为传递知识、培养社会主义建设者和接班人的重要教育基地，又使它们成为弘扬社会主义核心价值观、传播党的声音和国家最新政策、传承和弘扬优秀历史文化、引领社会文明风尚的文化宣传阵地。此外，要加大新型职业农民的培育力度，提高农民的综合文化素养、生产经营能力和市场风险应对能力等，推动农民由传统农民向现代职业农民转变，培养一批适应乡村振兴和经济社会发展需要的新型职业农民。

四、以精神文化生活的充实和丰富来 推进农民的精神文化贫困治理

(一) 用中华优秀传统文化赋能并引领农民精神生活共同富裕

2021 年 8 月 17 日，习近平主持召开的中央财经委员会第十次会议强调，共同富裕是全体人民的富裕，是人民群众物质生活和精神生活都富裕。为此，引领推进农民实现物质生活和精神生活共同富裕，是深入推进农民文化贫困治理的重要途径。要将推动农民物质生活富裕、精神生活富裕与乡村振兴、中华优秀传统文化传承和创新有机结合起来，按照乡村振兴"产业兴旺、生态宜居、乡风文明、治理有效、生活富裕"的总要求，推进产业经济、生态环境、乡风文明、社会治理、民生等领域的协调发展和高质量发展。在党的领导下，深入推进乡村振兴工作，以及在促进乡村产业兴旺中实现物质生活富裕的同时，用社会主义先进文化来革新农民的陈旧、落后观念，积极推进农民思想解放，提高农民的思想文化水平和综合素养，推动农民的优秀传统观念的现代化转化，实现用社会主义先进文化来武装农民的头脑。同时，深入推动乡村文化产业、公共服务产业的发展，完善农村公共文化服务供给体系，深入挖掘乡村的优秀文化资源，加大对优秀传统文化和资源的开发和宣传力度，推动乡村文化旅游业的发展，推动农民就近就地就业，在参与和推动乡村文化旅游业的发展中实现农民自身收入的稳定增长，既促进了乡村的振兴，实现了收入的增加，又有助于进一步推动和丰富乡村文化产品和服务的供给，不断满足农民多样化、差异化和个性化的精神文化需求。

(二) 把中华民族共同体意识内化为农民的共同价值追求

习近平在党的十九大报告中指出，要铸牢中华民族共同体意识。中华民族共同体意识是中华民族的精神力量之魂[①]。实现中华民族的伟大复兴，离不开

[①] 孙秀玲. 正确认识"多元一体"是培养中华民族共同体意识的关键 [J]. 红旗文稿，2016 (10)：29 - 30.

各民族人民的共同努力和奋斗。铸牢中华民族共同体意识，有利于在坚持中国共产党的领导下，团结农村各民族人民，实现共同繁荣发展。要加强对农民开展民族团结教育，教育并引导农民不断增强对伟大祖国、中华民族、中华文化、中国共产党、中国特色社会主义的情感认同和文化认同，坚持以习近平新时代中国特色社会主义思想为指导，以社会主义核心价值观为引领，积极铸牢中华民族共同体意识，尊重农村各民族的文化差异和风俗习惯，凝聚起广大人民的智慧和力量，把中华民族共同体意识内化为农民共同的价值追求，共同维护好各民族的团结进步和共同发展，不断增强农民的获得感、幸福感和安全感。要铸牢中华民族共同体意识，要充分考虑农村和各民族地区的发展实际，引导农民正确对待农村地区发展不平衡不充分的问题，以实现农民对美好生活的向往，凝聚精神力量加快推进乡村振兴，努力提高广大农民的物质生活和精神生活水平。同时，坚持以人民为中心，铸牢中华民族共同体意识，切实维护好农村各民族群众的切身利益和精神家园，有利于守好农民的心，凝聚起强大的精神力量以深入推进乡村振兴。

（三）引导农民坚定理想信念和价值追求

要进一步加强农民的思想政治教育，用习近平新时代中国特色社会主义思想教育和引导农民进一步坚定自身的理想信念，始终坚持中国共产党的领导和坚定走中国特色社会主义道路，积极弘扬民族精神、时代精神，让中国特色社会主义共同理想内化为农民的精神追求和行动自觉，在实现乡村振兴的伟大进程中积极贡献自己的智慧和力量。要教育和引导农民积极传承和弘扬红色基因和革命精神，在中国共产党的百年奋斗史中汲取精神力量，不断坚定自身的理想信念，坚定中国特色社会主义的共同理想，把党的优良传统、成功经验和革命精神内化为自身的思想自觉、行动自觉，不断激发自身的积极性、主动性和创造性，在乡村振兴中实现自己的人生价值。与此同时，要教育并引导农民积极学习和践行社会主义核心价值观，通过教育、宣传等方式，引导农民将社会主义核心价值观融入农民的日常生产生活实践中，树立正确的世界观、人生观和价值观，不断成长为乡村振兴的重要参与者、推动者和受益者。要发挥农村新乡贤、道德模范、致富带头人等榜样的作用，引导农民不忘初心、牢记使命，向先进榜样学习，在参与乡村振兴的进程中锤炼自己的品格、本领和技能，更好地推动自身的成长和发展，为乡村振兴做出自己的贡献。围绕乡村振兴目标，聚焦农民的理想信念和价值追求，通过行为激励、榜样示范、氛围营造、制度保障等系列措施和方式，教育并引导农民不断坚定自身的理想信念和价值追求，不断增强自身攻坚克难、求实创新、脱贫致富的本领和能力，以更好地适应农业农村现代化的发展需要。

与此同时，要用伟大建党精神滋养农民的精神世界。习近平在庆祝中国共产党成立 100 周年大会上指出，中国共产党形成了"坚持真理、坚守理想，践行初心、担当使命，不怕牺牲、英勇斗争，对党忠诚、不负人民"的伟大建党精神。伟大建党精神是党的精神之源和力量之源，需要将伟大建党精神融入农民的思想政治教育中，引导广大农民进一步发扬党的优良传统，推动农民用伟大建党精神滋养自己的精神思想，把伟大建党精神内化为农民自身的理想信念和精神信仰，不断增强"四个意识"，坚定"四个自信"，做到"两个维护"，不断锤炼农民自身的政治品格、精神信仰和责任担当并做到身体力行，为实现农民自身对美好生活的追求而不懈奋斗。与此同时，要引导农民不断深化对伟大建党精神的学习和理解，不断加强农民自身的文化修养，用伟大建党精神滋养农民自身的精神世界，用伟大建党精神激励和严格要求自己，增强农民的品格修养，在新时代乡村振兴实践中敢于坚持真理、敢于拼搏、敢于斗争，善于运用马克思主义的世界观和方法论处理错综复杂的问题和挑战，敢于追求幸福美好的生活，不断激励自己及磨炼自己的意志；积极传承和弘扬伟大建党精神，弘扬优秀传统文化、优秀传统道德规范和革命斗争精神，让自己成为对党和国家有用的乡村振兴人才，在新时代乡村振兴中实现自己的人生理想。

五、将农民文化贫困治理融入乡村振兴以推动农民的现代化转型

（一）完善农民文化贫困的现代化治理体系

一是加快构建农村基层党组织统一领导、社会各界协同参与、农民广泛参与的多元主体治理体系。要完善农民文化贫困治理的领导机制，完善农村基层党组织的机构设置，加强党委领导、党政统筹的乡村文化贫困治理体制，优化

农村基层党组织的队伍建设，不断增强农村基层党组织对农民文化贫困治理工作的领导，同时把农民文化贫困治理纳入政府的工作规划和日程当中，切实增强对农民文化贫困治理工作的重视，并将其作为乡村振兴工作的重要考核内容，加强对农民文化贫困治理工作的跟进、监督和评价，充分认识农民文化贫困治理对推进乡村振兴的重大意义，切实加大对农民文化贫困的治理力度。与此同时，要推动社会组织、机构和企业积极参与到乡村文化振兴中来，发挥党建的引领作用，统筹好农村基层党组织的各种资源，培育一批具有公益性、互助性的推动乡村文化振兴的机构和组织，引导这些机构和组织重点关注和解决农民的文化贫困问题，支持这些社会机构和组织积极承接各种公益文化服务项目，更好地为农民提供各种公共文化产品和服务，并促进农村社会机构和组织的发展。此外，要发挥好村民自治组织的作用，尤其要积极推动新乡贤等人员参与到村民自治组织的管理中来，发挥村民自治组织在消除封建陈旧思想观念、倡导健康生活方式等方面的推动作用，引导农民积极参与到提升自身的思想道德素养和文化水平中，积极破除农民自身的陈旧、落后观念，树立科学的世界观、人生观和价值观，更好地增强自身的内生发展动力和实现自我发展。

二是加快构建自治、法治和德治相结合的农民文化贫困治理体系，完善农民文化贫困治理机制。要加强农村基层干部队伍的建设，既要合理增加农村基层干部队伍的数量，也要不断提升基层干部队伍的法治素养。通过农村基层干部队伍的推动作用，引导农民不断增强自身的法治观念，并自觉参与到农村基层治理中，使自己成为一名新时代的具有较强现代法治观念的农民。同时，要进一步规范农村的法律顾问设置和村规民约内容等，充分发挥其对农民思想观念的引导和约束作用，引导农民破除陈旧、落后的思想观念的影响，促使自己认真遵守国家和地方的相关法律法规以及社会公序良俗，形成良好的社会风尚。同时，要强化农民的思想道德建设，尤其要发挥社会主义核心价值观对农民思想观念的引领作用，用习近平新时代中国特色社会主义思想教育、引导农民形成积极向上的、科学的、正确的思想观念，自觉抵制各种封建迷信及破除陈规陋习，形成正确的世界观、人生观和价值观，以更好地适应新时代乡村文化振兴的需要。

三是构建农民文化贫困治理的基层管理服务平台。要进一步加大农民文化贫困治理的经费投入力度，为构建推动农民文化贫困治理的基层管理服务平台提供经费保障和支持。发挥互联网和大数据平台对推动农民文化贫困治理的作用，通过开发数字智慧平台，构建面向不同文化水平的农民的数字化智慧服务平台，为农民提供丰富多彩的城乡文化产品和服务，满足他们多样化、差异化的精神文化需求。同时，要加快构建面向基层政府组织的一体化数字服务平台，加强基层政务的数字化服务平台建设，为农民提供政策宣传、便民服务等精细化服务，并引导其更好地适应互联网发展的需要。①

（二）以新发展理念引领思想解放和农村生产力发展

只有不断解放思想，激发农民的主体意识，解放和发展农村的生产力，才能有效解决新时代乡村振兴面临的各种矛盾和问题，为农民实现美好生活向往，更好地满足农民的精神文化需求奠定坚实的基础。推动农民文化贫困治理，要求进一步推进农民的思想解放，冲破农民传统思想观念的束缚，革新农民的观念和思维，并把改革创新的理念融入乡村振兴和农村生产力的解放和发展当中，深入解决乡村振兴中遇到的各种难题。同时，通过贯彻落实新发展理念，不断深化农村经济社会的改革和发展，打破农村传统固化的利益藩篱，推动农村集体经济发展，实现好、维护好、发展好广大农民的根本利益，找准乡村振兴的发展着力点，激发乡村振兴的发展活动，采取创新性举措，深入推动农村生产力的解放和发展；要坚持从实际出发，脚踏实地，坚持以人民为中心，深入贯彻创新、协调、绿色、开放、共享的新发展理念，把农业农村农民的发展放在重要的位置，加大乡村振兴的政策支持力度，统筹协调乡村振兴所需要的各种资源要素的分配，实施农村富民工程，提高资源要素生产率和产出效益，以新发展理念深入推进农村产业发展、生态宜居环境建设、乡风文明建设、乡村社会治理以及村民生活质量提升，不断改善农民的生活质量和增加农民的收入，更好地满足广大农民的物质生活和精神生活的需要。

（三）用人类文明新形态涵养农村的精神文明建设

习近平在庆祝中国共产党成立100周年大会上提出了人类文明新形态概念。人类文明新形态是中国共产党在坚持马克思主义的指导下，领导中国人民

---

① 中国政府网.中共中央 国务院关于加强基层治理体系和治理能力现代化建设的意见 [EB/OL]. http://www.gov.cn/zhengce/2021－07/11/content_5624201.htm，2021－07－11.

在推进物质文明、政治文明、精神文明、社会文明、生态文明协调发展中共同创造的中国特色社会主义文明成果。我们要用人类文明新形态来涵养和推动农村的精神文明建设，就是要以中国共产党领导中国人民创造的中国特色社会主义文明成果来引领和推动农村的精神文明建设，为农村的精神文明建设明确发展目标、方向、战略重点和步骤，不断推进农村的精神文明建设，从根本上为推动农民的物质生活和精神生活共同富裕奠定现实基础和发展条件。与此同时，深入推进农民文化贫困治理，离不开深入推进农村的精神文明建设，通过农村的精神文明建设，为提升农民的思想道德素养和文化水平提供良好的发展条件和环境。在乡村振兴的进程中，我们要发挥中国所创造的人类文明新形态的价值引领作用，增强广大农民的凝聚力和向心力，引导广大农民坚定理想信念，统一思想和行动，明确目标和方向，不断提升自己，坚定"四个自信"，积极参与到中国特色社会主义文明成果的共建共享中。用人类文明新形态的发展经验和理论成果指导和推动农村的精神文明建设，发挥城市精神文明建设成果对乡村精神文明建设的辐射带动作用，为推动农民的思想道德素养和文化水平提升奠定发展基础、明确发展目标和方向，在实践中深入解决农民文化贫困问题，推动农民实现精神生活共同富裕，共建共享新时代文明建设成果。

六、本章小结

结合前文关于农民文化贫困的内涵、现实状况及其形成的影响因素，以及农民文化贫困治理的本质要求、实践逻辑、存在的主要问题及其原因等内容，提出了从农民文化贫困治理应坚持的基本要求，以观念的解放和革新推进农民的观念文化贫困治理，以理性思维和科学理念推进农民的思想文化贫困治理，以精神文化生活的充实和丰富推进农民的精神文化贫困治理，将农民文化贫困治理融入乡村振兴以推动农民的现代化转型，进一步加强乡村振兴进程中的农民文化贫困治理，以更好地推动农民向现代农民转变，深入推动农民实现自由而全面的发展。研究认为，第一，农民文化贫困治理应坚持的基本要求包括坚持马克思主义在农民文化贫困治理中的指导地位，坚持中国共产党对农民文化贫困治理工作的全面领导，推动习近平新时代中国特色社会主义思想大众化传播与入脑入心。第二，以观念的解放和革新推进农民的观念文化贫困治理包括激发内生动力以强化农民的主体地位和首创精神，用自我革命精神助推农民的思想解放，以良好的道德风尚涵养农民"四德"观念。第三，以理性思维和科学理念的养成推进农民的思想文化贫困治理包括加强以改造农民的世界观和方法论为重点的教育引导，以乡村文化振兴推进农民的价值观变革，"志""智"兼扶促新型职业农民培养。第四，以精神文化生活的充实和丰富来推进农民的精神文化贫困治理包括用中华优秀传统文化赋能并引领农民精神生活共同富裕，把中华民族共同体意识内化为农民的共同价值追求，引导农民坚定理想信念和价值追求。第五，将农民文化贫困治理融入乡村振兴以推动农民的现代化转型包括完善农民文化贫困的现代化治理体系，以新发展理念引领思想解放和农村生产力发展，用人类文明新形态涵养农村的精神文明建设。

参 考 文 献

重要文献类：

[1] 马克思恩格斯文集第 1 卷 ［M］. 北京：人民出版社，2009.

[2] 马克思恩格斯文集第 2 卷 ［M］. 北京：人民出版社，2009.

[3] 马克思恩格斯全集第 28 卷 ［M］. 北京：人民出版社，2018.

[4] 马克思恩格斯全集第 33 卷 ［M］. 北京：人民出版社，1972.

[5] 马克思恩格斯全集第 47 卷 ［M］. 北京：人民出版社，1979.

[6] 马克思恩格斯选集第 1 卷 ［M］. 北京：人民出版社，2012.

[7] 德意志意识形态（节选本）［M］. 北京：人民出版社，2018.

[8] 列宁选集第 1 卷 ［M］. 北京：人民出版社，2012.

[9] 列宁选集第 3 卷 ［M］. 北京：人民出版社，2012.

[10] 列宁选集第 4 卷 ［M］. 北京：人民出版社，2012.

[11] 列宁全集第 4 卷 ［M］. 北京：人民出版社，2013.

[12] 列宁专题文集　论资本主义 ［M］. 北京：人民出版社，2009.

[13] 列宁全集第 42 卷 ［M］. 北京：人民出版社，2017.

[14] 列宁选集第 3 卷 ［M］. 北京：人民出版社，2012.

[15] 列宁选集第 4 卷 ［M］. 北京：人民出版社，2012.

[16] 列宁论新经济政策 ［M］. 北京：人民出版社，2020.

[17] 列宁全集第 42 卷 ［M］. 北京：人民出版社，2017.

[18] 列宁全集第 43 卷 ［M］. 北京：人民出版社，2017.

[19] 毛泽东文集第 7 卷 ［M］. 北京：人民出版社，1999.

[20] 毛泽东文集第 8 卷 ［M］. 北京：人民出版社，1999.

[21] 邓小平文选第 1 卷 ［M］. 北京：人民出版社，1994.

[22] 邓小平文选第 2 卷 ［M］. 北京：人民出版社，1994.

[23] 邓小平文选第 3 卷 ［M］. 北京：人民出版社，1993.

［24］江泽民文选第 1 卷［M］. 北京：人民出版社，2006.

［25］江泽民文选第 2 卷［M］. 北京：人民出版社，2006.

［26］江泽民文选第 3 卷［M］. 北京：人民出版社，2006.

［27］胡锦涛文选第 1 卷［M］. 北京：人民出版社，2016.

［28］胡锦涛文选第 2 卷［M］. 北京：人民出版社，2016.

［29］胡锦涛文选第 3 卷［M］. 北京：人民出版社，2016.

［30］习近平谈治国理政第 1 卷［M］. 北京：外文出版社，2018.

［31］习近平谈治国理政第 2 卷［M］. 北京：外文出版社，2017.

［32］习近平谈治国理政第 3 卷［M］. 北京：外文出版社，2020.

［33］习近平. 摆脱贫困［M］. 福州：福建人民出版社，1992.

［34］习近平. 在纪念马克思诞辰 200 周年大会上的讲话［M］. 北京：人民出版社，2018.

［35］习近平. 在河北省阜平县考察扶贫开发工作时的讲话（2012 年 12 月 29 日、30 日），《做焦裕禄式的县委书记》［M］. 北京：中央文献出版社，2015.

［36］习近平. 在打好精准脱贫攻坚战座谈会上的讲话［M］. 北京：人民出版社，2020.

［37］习近平. 在深度贫困地区脱贫攻坚座谈会上的讲话［M］. 北京：人民出版社，2017.

［38］中共中央党史和文献研究局. 十八大以来重要文献选编（下）［M］. 北京：中央文献出版社，2018.

［39］习近平. 决胜全面建成小康社会　夺取新时代中国特色社会主义伟大胜利——在中国共产党第十九次全国代表大会上的报告［M］. 北京：人民出版社，2017.

［40］习近平关于社会主义经济建设论述摘编［M］. 北京：中共中央文献研究室、中央文献出版社，2017.

［41］乡村振兴战略规划（2018—2022 年）［M］. 北京：人民出版社，2018：60.

［42］高洁. 我国西部农村地区社会医疗保险的政府供给机制研究［M］. 北京：人民出版社，2007.

［43］贺祖斌，林春逸，肖富群，等. 广西乡村振兴战略与实践·文化卷［M］. 桂林：广西师范大学出版社，2009.

［44］刘子操．城市化进程中的社会保障问题［M］．北京：人民出版社，2016．

［45］罗荣渠．现代化新论——世界与中国的现代化过程（增订版）［M］．北京：商务印书馆，2004．

［46］马桂萍．农民专业合作社与社会主义新农村建设载体研究［M］．北京：人民出版社，2016．

［47］任福耀，王洪瑞．中国反贫困理论与实践［M］．北京：人民出版社，2003．

［48］滕翠华．中国特色城乡文化一体化发展问题研究［M］．北京：人民出版社，2019．

［49］涂平荣，陈琳琳，等．农村籍大学生返乡创业推进机制研究［M］．北京：人民出版社，2018．

［50］汪习根．平等发展权法律保障制度研究［M］．北京：人民出版社，2018．

［51］王大超．转型期中国城乡反贫困问题研究［M］．北京：人民出版社，2004．

［52］王玲玲，冯皓．发展伦理探究［M］．北京：人民出版社，2010．

［53］王宁．金融扶贫理论与实践创新研究［M］．北京：人民出版社，2018．

［54］夏英．贫困与发展［M］．北京：人民出版社，1995．

［55］许耀桐．中国基本国情与发展战略［M］．北京：人民出版社，2001．

［56］杨宝忠．社会主义和谐文化研究［M］．北京：人民出版社，2018．

［57］张立学．以文化人：大学文化育人研究［M］．北京：人民出版社，2019．

［58］张丽．文化困境及其超越［M］．北京：人民出版社，2013：109 - 110．

［59］中共黑龙江省委宣传部、黑龙江电视台．文化伟力［M］．北京：人民出版社，2012：4．

［60］周树智．马克思主义探原：马克思《1844 年经济学哲学手稿》［M］．西安：陕西人民出版社，2011．

［61］阿玛蒂亚·森．以自由看待发展［M］．任赜，于真，译．北京：中

国人民大学出版社，2012.

［62］阿历克斯·英克尔斯. 人的现代化素质探索［M］. 曹中德，等译. 天津：天津社会科学院出版社，1995.

中文期刊论文类：

［63］曾鸣. 互联网使用对西部农村居民文化贫困的影响［J］. 调研世界，2019（9）：49－55.

［64］陈建. 乡村振兴中的农村公共文化服务功能性失灵问题［J］. 图书馆论坛，2019，39（7）：42－49.

［65］陈前恒，方航. 打破"文化贫困陷阱"的路径——基于贫困地区农村公共文化建设的调研［J］. 图书馆论坛，2017，37（6）：45－54.

［66］丁志刚，李航. 精准扶贫中的"精神贫困"及其纾解——基于认知失调理论的视角［J］. 新疆社会科学，2019（5）：136－144，154.

［67］杜彬武. 农村思想政治工作在精准扶贫中的作用［J］. 农村经济与科技，2018，29（3）：264－265.

［68］郭劲光，俎邵静. 参与式模式下贫困农民内生发展能力培育研究［J］. 华侨大学学报（哲学社会科学版），2018（4）：117－127.

［69］郭晓君，郝宗珍. 消除文化贫困：问题与对策［J］. 中国行政管理，2004（8）：42－45.

［70］韩兴雨，叶方兴，孙其昂. 人的现代化与思想政治教育现代转型——英格尔斯"人的现代化"理论及其启示［J］. 理论月刊，2013（9）：122－125.

［71］郝双才. 消除文化贫困：山西贫困农村义务教育健康发展的智力保证［J］. 山西档案，2014（1）：126－129.

［72］贺海波. 贫困文化与精准扶贫的一种实践困境——基于贵州望谟集中连片贫困地区村寨的实证调查［J］. 社会科学，2018（1）：75－88.

［73］黄帅，李丹丹. 新农村建设中的农村文化贫困解析［J］. 西昌学院学报（社会科学版），2010，22（2）：69－72.

［74］李志霞，丁丽. 对农村文化贫困女性的社会学考究［J］. 学术交流，2012（8）：127－130.

［75］林非. 论现代观念［J］. 河北学刊，1986（4）：14－20.

［76］刘欢，韩广富. 后脱贫时代农村精神贫困治理的现实思考［J］. 甘

肃社会科学，2020（4）：170－178.

[77] 柳礼泉，杨葵. 精神贫困：贫困群众内生动力的缺失与重塑 [J].
湖湘论坛，2019，32（1）：106－113.

[78] 陆和建，涂新宇，张晗. 我国农家书屋开展文化精准扶贫对策探析
[J]. 图书情报知识，2018（3）：35－44.

[79] 吕洋. 蒙古族村落社会文化贫困问题探源 [J]. 黑龙江民族丛刊，
2015（1）：37－41.

[80] 马秋茜. 完善河北省农村公共文化服务设施的路径选择 [J]. 河北
学刊，2013，33（1）：199－201.

[81] 马杨，廖和平，刘愿理，等. 省域文化贫困测度及空间格局研究
[J]. 西南大学学报（自然科学版），2020，42（10）：46－54.

[82] 欧阳雪梅. 振兴乡村文化面临的挑战及实践路径 [J]. 毛泽东邓小
平理论研究，2018（5）：30－36，107.

[83] 秦存强，郁大海，支秋霞. 当代农村女性文化贫困现状与对策 [J].
理论观察，2009（5）：108－111.

[84] 孙科峰. 文化贫困在甘肃农村贫困地区中的分析与解困 [J]. 天水
行政学院学报，2016，17（2）：36－40.

[85] 孙秀玲. 正确认识"多元一体"是培养中华民族共同体意识的关键
[J]. 红旗文稿，2016（10）：29－30.

[86] 唐钧. 确定中国城镇贫困线方法的探讨 [J]. 社会学研究，1997
（2）：62－73.

[87] 唐萍. 城乡一体化背景下农民价值观由传统向现代的转型 [J]. 学
术论坛，2016，39（4）：32－36.

[88] 唐任伍. 贫困文化韧性下的后小康时代相对贫困特征及其治理 [J].
贵州师范大学学报（社会科学版），2019（5）：55－63.

[89] 童星，林闽钢. 我国农村贫困标准线研究 [J]. 中国社会科学，
1994（3）：86－98.

[90] 王爱桂. 从精神贫困走向精神富裕 [J]. 毛泽东邓小平理论研究，
2018（5）：44－50，107.

[91] 王慧娟. 当代中国农民主体意识探析 [J]. 青海社会科学，2018
（2）：134－137，159.

[92] 王秀华. 职业教育精准扶贫的理论基础、价值主线与实践突破 [J].

教育与职业, 2017 (21): 16 – 22.

[93] 王亚飞, 董景荣. 新农村建设中的文化贫困问题与对策——破解"三农"问题的一种视角 [J]. 农业现代化研究, 2008 (3): 285 – 288.

[94] 王怡, 周晓唯. 习近平关于精神扶贫的相关论述研究 [J]. 西北大学学报 (哲学社会科学版), 2018, 48 (6): 53 – 60.

[95] 王瑜, 叶雨欣. 广西边境地区普通高中优质生源流失的问题、成因与对策——基于贫困文化视角 [J]. 民族教育研究, 2020, 31 (6): 52 – 59.

[96] 辛秋水. 注重解决农民的文化贫困问题 [J]. 中国党政干部论坛, 2006 (2): 37 – 39.

[97] 徐辉, 郝宗珍. 消除结构性文化贫困的路径选择 [J]. 中国证券期货, 2010 (1): 100 – 101.

[98] 薛世妹. 贫困文化: 贫困农村地区贫困的文化分析 [J]. 内蒙古农业大学学报 (社会科学版), 2009, 11 (3): 58 – 61.

[99] 杨蓉, 赵多平. 宁夏南部山区人口文化贫困初探 [J]. 宁夏大学学报 (自然科学版), 2011, 32 (2): 181 – 184.

[100] 杨云峰. 农民工反精神贫困探析——以社会工作视角 [J]. 社会科学战线, 2007 (5): 192 – 197.

[101] 余德华, 麻朝晖. 欠发达地区的精神贫困与精神脱贫思路探析 [J]. 毛泽东邓小平理论研究, 2002 (2): 76 – 79.

[102] 余德华. 论精神贫困 [J]. 哲学研究, 2002 (12): 15 – 20.

[103] 俞茹. 少数民族文化致贫与贫困文化后果研究 [J]. 云南民族大学学报 (哲学社会科学版), 2019, 36 (3): 101 – 106.

[104] 张菊香. 习近平脱贫攻坚战略思想对马克思恩格斯反贫困思想的时代创新探析 [J]. 思想理论教育导刊, 2017 (11): 42 – 46.

[105] 张英琇, 李健. 打好摆脱社会主义"文化贫困"的持久战——列宁"政治遗嘱"中的文化忧思 [J]. 马克思主义研究, 2019 (10): 133 – 140.

[106] 张祝平. 我国贫困地区文化贫困因素及文化扶贫对策 [J]. 行政管理改革, 2018 (6): 60 – 65.

[107] 赵金子, 周振. 农村女性文化贫困成因及其治理——以社会生态系统理论为视角 [J]. 西北农林科技大学学报 (社会科学版), 2014, 14 (5): 91 – 95.

[108] 郑芸, 孙其昂. 论思想政治教育学视角中的"思想" [J]. 河海大

学学报（哲学社会科学版），2010，12（2）：17－20，89－90.

［109］周新辉，刘佳．农村公共文化服务体系建设现状及多维思考——以山东省为例［J］.安徽农业科学，2017，45（22）：203－206，246.

［110］周正刚．加强湖南农村公共文化服务体系建设的探讨［J］.湖湘论坛，2008（6）：50－52，76.

［111］曹佳蕾．供给侧改革下安徽贫困地区公共文化服务供给运行机制［J］.安庆师范大学学报（社会科学版），2019，38（5）：69－73.

［112］谈国新，文立杰，张杰，等．文化精准扶贫的对象识别与路径选择——从"文化贫困"的逻辑前提出发［J］.图书馆，2019（3）：1－6，19.

［113］辛远，韩广富．习近平贫困治理重要论述的理论渊源［J］.重庆交通大学学报（社会科学版），2020，20（5）：1－8.

［114］王列生．文化的贫困与文化的解困［J］.粤海风，2000（2）：4－6.

［115］何毅亭．谈谈推进马克思主义大众化［J］.红旗文稿，2021（4）：4－8，1.

［116］王小林，Sabina Alkire．中国多维贫困测量：估计和政策含义［J］.中国农村经济，2009（12）：4－10，23.

［117］郭萌，王怡．深度贫困县精神贫困的致贫机理及脱贫路径［J］.商洛学院学报，2018，32（2）：6－12.

［118］胡光辉．扶贫先扶志 扶贫必扶智——谈谈如何深入推进脱贫攻坚工作［J］.今日海南，2017（2）：8－9.

［119］麻朝晖．贫困与精神贫困——欠发达地区农村贫困"钢性"探究［J］.丽水师范专科学校学报，2001（6）：8－12.

［120］杨建晓．贫困地区的精神贫困与精神脱贫思路探析［J］.安顺学院学报，2017，19（1）：11－13.

［121］赵迎芳．乡村振兴战略下的文化精准扶贫［J］.西北农林科技大学学报（社会科学版），2020，20（6）：12－19.

外文期刊论文类：

［122］Castellanza, L.. （2022）. Discipline, abjection, and poverty alleviation through entrepreneurship: a constitutive perspective. *Journal of Business Venturing*, 106032.

［123］Colclough, C., Rose, P., & Tembon, M.. （2000）. Gender inequalities in primary schooling: The roles of poverty and adverse cultural practice. *International Journal of Educational Development*, 20 (1): 5 –27.

[124] Elam, C.. (2002). Culture, Poverty and Education in Appalachian Kentucky. *Education and Culture*, 18 (1): 10 –13.

[125] Harkness, S., Gregg, P., & Macmillan, L.. (2012). Poverty: The role of Institutions, Behaviours and Culture. *Joseph Rowntree Foundation*.

[126] Milbourne, P., & Doheny, S.. (2012). Older people and poverty in rural britain: material hardships, cultural denials and social inclusions. *Journal of Rural Studies*, 28 (4): 389 –397.

[127] Nampijja, M., Okelo, K., Okullo, D., et al. (2021). Community perceptions and practices of early childhood development in an urban-poor setting in nairobi: uncovering contextual drivers beneath poverty. *Children and Youth Services Review*, 124: 105961.

[128] Pitchik, H. O., Chung, E. O., & Fernald, L. C.. (2020). Cross-cultural research on child development and maternal mental health in low-and middle-income countries. *Current Opinion in Behavioral Sciences*, 36: 90 –97.

[129] Tuason, M. T.. (2002). Culture of Poverty: Lessons from Two Case Studies of Poverty in the Philippines; One Became Rich, the Other One Stayed Poor. *Online Readings in Psychology and Culture*, 8 (1). https://doi. org/10. 9707/2307 –0919. 1069.

报纸类:

[130] 王瑞萍. 脱贫攻坚要重视解决文化贫困问题 [N]. 甘肃日报, 2019 –02 –20 (08).

[131] 何星亮. 不断满足人民日益增长的美好生活需要 [N]. 人民日报, 2017 –11 –14 (07).

[132] 田小典. 以文化扶贫助推乡村振兴 [N]. 承德日报, 2020 –08 – 10 (05).

[133] 赵林. 为中国式现代化保驾护航 [N]. 中国纪检监察报, 2021 – 01 –21 (05).

[134] 田芝健, 许益军, 王萍霞, 等. 现代化的核心是人的现代化 [N]. 光明日报, 2013 –01 –28 (07).

[135] 张彬. 法治文化建设的关键是实现人的现代化 [N]. 吉林日报，2015 – 05 – 16（07）.

[136] 在产业现代化进程中推进人的现代化 [N]. 安康日报，2019 – 05 – 08（01）.

[137] 深刻把握主要矛盾变化 不断增加农民福祉 [N]. 农民日报，2017 – 11 – 06（01）.

[138] 张谦元. 以文化扶贫助推脱贫攻坚 [N]. 甘肃日报，2017 – 09 – 06（06）.

网络文献类：

[139] 中国政府网. 习近平总书记给"国培计划（2014）"北京师范大学贵州研修班参训教师的回信全文 [EB/OL]. http：//www. gov. cn/xinwen/2015 – 09/09/content_2927778. htm，2015 – 09 – 09.

[140] 中国政府网. 中共中央 国务院关于加强基层治理体系和治理能力现代化建设的意见 [EB/OL]. http：//www. gov. cn/zhengce/2021 – 07/11/content_5624201. htm，2021 – 07 – 11.

[141] 李振华. 培育农民社会主义核心价值观助推乡村振兴路径 [EB/OL]. http：//www. djcx. com/file_read. aspx？ id = 33827，2018 – 12 – 29.

后　记

　　本书是在 2022 年 6 月的博士论文基础上修订完善的研究成果，回顾读博期间在完成博士论文过程中所经历的点点滴滴，内心充满着很多感慨，但更多的是感激和感恩。

　　该成果能够顺利完成和出版，离不开博士生导师林春逸教授的悉心教导和辛勤付出，在整个写作和研究过程中，都凝聚着林春逸教授的大量心血；同时，离不开马克思主义学院、社会科学研究处和经济管理学院等单位的领导、老师、同事、同学、同门、亲人、朋友等人的指导、鼓励、帮助和支持，离不开经济科学出版社以及李晓杰编辑为本书的出版提供的帮助和支持。在此一并表示衷心的感谢！

　　与此同时，该成果的出版，获得"广西高等学校千名中青年骨干教师培育计划"人文社会科学类立项课题"乡村振兴背景下农民文化贫困治理逻辑与路径研究"（2022QGRW007）、广西哲学社会科学规划课题"广西高水平推进西部陆海新通道共建共享的机制与路径研究"（23FYJ028）、"广西高等学校千名中青年骨干教师培育计划"立项课题"西部地区自由贸易试验区建设的区域经济增长效应及政策支持研究"（2022QGRW029）、广西马克思主义理论研究与建设工程（广西师范大学）基地立项项目"2020 年后我国相对贫困的变动趋势及其治理逻辑研究"（2020MJD04）、广西八桂青年拔尖人才培养项目（第一批）、"广西高校思想政治教育卓越教师"培育计划（第二期）、广西师范大学马克思主义学院学术著作的出版资助，在此表示特别的感谢。

　　本书从观念文化贫困、思想文化贫困和精神文化贫困等层面来研究农民文化贫困问题，为推动乡村振兴进程中农民的思想道德素养和文化水平提升，推动农民思想观念的现代性转换，推动农民向现代农民转变，更好地实现农民的自由全面发展提供重要的理论和实践指导。乡村振兴进程中农民文化贫困治理，是一个宏大的系统工程，只有不断加大农民文化贫困的治理力度，推动农民解放思想，才能更好地促进农民向现代农民转变，推动全体农民实现精神生活共同富裕和自由全面发展，最终实现乡村振兴的目标。

此外，乡村振兴进程中农民文化贫困治理是一个复杂而系统的理论和实践问题，由于作者的研究能力、水平和时间的限制，本书中仍存在很多不足之处，恳请各位专家、学者和朋友批评指正，也烦请您与作者联系，以便进一步改进、完善和提升。

廉　超

2025 年 3 月